ハック大学式

会社員のまま
経済的自由を手に入れる

超 **現実的**で
超 **具体的**な
ハック大学 ぺそ

お金の増やし方

JN068111

あさ出版

■「お金が足りない」「将来が不安」その原因は？

こんにちは！

ハック大学のぺそと申します。

私は、外資系金融機関で働きながら、『ハック大学』という YouTube チャンネルを運営しています。

『ハック大学』では、ビジネスパーソンにとって役に立つスキルや思考法などの動画コンテンツを発信していますが、本書では、資産形成のお話をします。

実は、私の一番の得意分野ともいえるのがお金の話です。ただ、これまで『ハック大学』では、お金のことについて、あえて多くを語ってきませんでした。なぜなら資産形成のアプローチは人それぞれだからです。

みなさん働き方も違えば、年収も、貯蓄額もバラバラです。独身の人もいれば、家庭を持っている人もいます。同じ家庭持ちでも、その構成は異なります。将来やりたいことも、達成したい夢も、100人いれば、きっと100通りあるはずです。

そんなすべての人たち一人ひとりに適した資産形成を提案するのは、とても無理。それが、これまでお金のことを語ってこなかった理由です。

しかし、お金のコンテンツの再生回数や、視聴者の方々のコメント、また友人の話などから、お金のことで悩んでいる

人が多いことはわかっていました。

　しかも、明日や明後日のお金のことではなく、20年後、30年後のお金のことで悩んでいるのです。

　そんな未来のお金のことに気を取られて、今を生きることに集中できないのはとてももったいないと思いませんか。

　さらにいえば、その悩みも、実に漠然としたものです。

「今のままではお金が足りない」
「このままでは定年後が不安です」
「家庭を持つことも、家を買うこともあきらめました」

　どうしてそんなことを考えてしまうのだろう。

　よくよく話を聞いてみると、お金のことをよくわかっていないのが原因でした。わかっていないから、目の前にあるお金や預金残高を眺めては不安になっていたのです。

「みんな、お金の悩みから解放されて、心から豊かになってほしい」

　そんな思いで書き上げたのが、本書です。

■ 会社員のまま経済的自由を手に入れる

　また、本書のもう1つのテーマは「会社員のまま経済的自由を手に入れる」ということです。

　ここでいう経済的自由は決して数億円規模の資産家になることを目的とするものではありません。

　会社員として安定収入を得ているみなさんが、それぞれの

経済的なポテンシャルを最大限に開花させ、精神的にも金銭的にも豊かになることを目的としています。

そのための資産形成のお話になります。

内容を簡単に紹介すると、次のようになります。

PART 1では、3つのChapterに分け、資産形成の方法を具体的に解説します。

Chapter 1　自分のお金の現状を知る

お金のことをよくわかっていない人は、この段階から間違っていることがあります。また、自分の稼ぐ力を過小評価している人が驚くほどたくさんいます。

ここでは自分が資産として持っているものすべてを洗い出し、今の自分のお金の実力がどれだけあるかを把握する方法を解説していきます。

「自分には意外とお金の実力があるな？」

そう感じる人も多いかもしれません。

Chapter 2　目標を設定する

目標は自由です。ただし、お金のことがわかるようになると、無謀な目標なのか、達成できる目標なのか判断できるようになります。おそらく、今みなさんが想像している以上に高い目標を設定できると思います。

焦らずしっかりと、目標とするゴールを見据え、資産形成をスタートさせる、ゴールベース・アプローチを基本とした考えをここで身につけてください。

Chapter 3　資産形成のための道筋を描く

　本書で描く道筋とは、ポートフォリオの構築です。
「ポートフォリオ」という言葉をはじめて聞く人もいるかも
しれませんが、本書を読んだ全員が適切な道筋を描けるよう
に、ポートフォリオの組み方をわかりやすく解説しました。
また、会社員として資産形成をするにあたり、ここだけは押
さえておきたいというポイントもケーススタディで紹介して
います。

　続くPART 2では、PART 1を補足するかたちで、資産形
成の理解を深めるための知識やはじめる際のポイントを解説
します。

Chapter 4　資産形成をより深く理解する

　PART 1で道筋を描けたら、あとは機械的に進めるだけで
すが、やはり最初は不安なもの。ここでは、自分が描いた道
筋が確かなものであること、そして、資産形成が手間をかけ
ずにできるものであることを、さらに詳しく解説します。
　資産形成と聞くと大がかりな計画のように感じるかもしれ
ませんが、その仕組みをより理解することで、拍子抜けする
ほど簡単に思えてきます。

Chapter 5　資産形成に有利な制度を活用する

　最後に国が用意してくれている制度をフル活用しましょう
というお話をします。
　活用するだけで、「こんなにお金が手元に残るの？」と驚

く人も中にはいるかもしれません。知らないというのは、本当に罪なことです。

　以上が、簡単な内容になります。

　なお、巻末に付録として資産形成のベースとなる給与所得を上げる「仕事術」をまとめています。ただ、本書では「お金を稼ぐために〜」の要素はここのみで、あとは大胆に稼いだお金・持っているお金をどう運用し、増やしていくかに焦点を当てました。

　なぜならそれが、お金の悩みから解放され、真の豊かさを得る近道だからです。

　では、前置きが少し長くなってしまいましたが、早速、PART 1からはじめていきましょう。

　本書を通してみなさんが自分なりの経済的自由を手に入れることを心から応援しています。

ハック大学 ぺそ

CONTENTS

Chapter 2
ゴールイメージを明確にして
無理せず十分な資産を築く方法

Chapter 3
お金の不安を解消する
ハック大学式ポートフォリオの組み方

PART 2

お金にもっと強くなる！
会社員のための
マネー講座

Chapter 4
リスクを取ってお金を増やす
会社員のための投資のポイント

Chapter 5
リスクを取らずにお金を残す
会社員のための節税策

付　録
会社員として稼ぐ力を上げる
仕事術10選

PART 1

会社員であることを強みに変えるハック大学式資産形成術

Chapter 1

まずはお金に対する
考え方と自分の資産を
とらえなおす

01 老後が不安という人ほど お金のことを知らない

POINT

現金、預貯金だけではなく、現金化できるものはすべてお金です。それらを総称して「資産」といいます。

 どの世代も不安に感じているのは「お金のこと」

「将来のことを考えると不安になる」
「老後資金2,000万円なんて、とても無理」
「これだと結婚できないかもな」

　銀行や生命保険会社などが行っている、顧客を対象とした意識調査の結果を見てみると、各世代共通して不安なこととして上位にランクインするのが、「お金」と「健康」です。
　お金の不安についてさらに細かく見ていくと、老後資金の不安を一番に挙げる人が多いようです。
　ただ、最近は定年退職を間近に控えた世代だけでなく、ミレニアル世代やZ世代と呼ばれる若い世代までもが老後に金銭的な不安を抱いているといいます。

　不安の背景にあるのは、1つは、2019年に金融庁が公表した報告書が発端となる「老後2,000万円問題」でしょう。

「老後資金として最低でも2,000万円は準備しておかないと、生活できなくなりますよ」

と指摘されたら、一部の裕福な人たち以外は、それは焦ります。

もう1つは、人生100年時代がより現実的なものとして意識されるようになってきたことが挙げられます。

厚生労働省のデータによると、1990年生まれ（2055年に65歳を迎える世代）の女性の20％が、100歳まで生きると推計されています。

男性でも、90歳まで生きると推計されている人は全体の44％もいます。

ちなみに90歳まで生きる女性はというと69％となってい

女性の5人に1人は100歳超え

〜65歳が特定の年齢まで生存する確率〜

	男　性			女　性		
	80歳	90歳	100歳	80歳	90歳	100歳
2015年に65歳 [1950年生まれ]	73%	35%	4%	87%	60%	14%
2025年に65歳 [1960年生まれ]	75%	38%	5%	89%	64%	17%
2035年に65歳 [1970年生まれ]	77%	41%	6%	90%	67%	19%
2045年に65歳 [1980年生まれ]	78%	43%	6%	91%	69%	20%
2055年に65歳 [1990年生まれ]	79%	44%	6%	91%	69%	20%

出典：厚生労働省「第5回社会保障審議会年金部会」資料より作成

ます。

　このように定年退職後から、さらに20年、30年という長い人生が待ち受けていると考えると、お金のことで漠然とした不安を感じてしまうのも仕方がないことかもしれません。

　また、若い世代までもが不安になるのは、日本経済の未来に関する明るいニュースが少ないからではないでしょうか。

　近年、メディアで取り上げられて話題になったことに、日本の賃金上昇率があります。

　OECD（経済協力開発機構）の調査によると、主要先進国の中で、2018年時点の賃金を1997年の賃金と比較してみると、日本だけがマイナスでした。

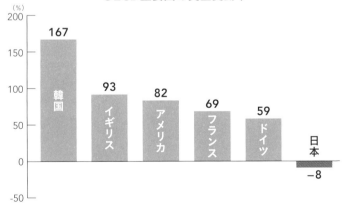

給料が上がらないのは日本だけ!?

〜 OECD主要国の賃金変動率〜

（％）

167	韓国
93	イギリス
82	アメリカ
69	フランス
59	ドイツ
−8	日本

出典：OECD データベース
※ 1997 〜 2018 年の民間部門時給の変動率

　また、平均賃金でも2020年の日本では年437万円。これはOECDの平均より120万円も少ない金額です。

　この20数年の間で、新興国を含む国々が目覚ましい経済発展を遂げ、世界中で技術革新がどんどん進む中、日本だけが過去に取り残されてしまっているかのようです。

　将来的な賃金上昇が期待できないにもかかわらず、寿命だけが延びてしまうとなると、未来について深く考えることがばかばかしく思えてくるのではないでしょうか。

 現金、預貯金だけがお金ではない

「お金がない……。どうしよう……」

　そう思ってじりじりしているだけでは、お金の不安はいつまで経っても消えません。

　人は、不確実なものをリスクとして過大評価する傾向があるため、漠然とした不安をそのまま放置していると、次第にその不安は大きくなっていき、やがて身動きがとれなくなるか、その不安に取り憑かれたようになってしまいます。

　このような**お金の不安から解放されるには、「お金がある」と自分が納得できる状況を作るしかありません。**

　それでは、あなたに質問します。

　あなたは、どのくらいお金があると安心できますか？
　1,000万円、2,000万円、5,000万円、それとも1億円？

それでは、そのお金がいつまでにあるといいですか？

　5年後ですか、それとも10年後ですか、20年後ですか、30年後ですか？

　こう考えるだけでも、（まだまだぼんやりとですが）お金の不安から解放されるための目標到達点をイメージすることができます。

　例えば、20年後に2,000万円あると安心できるということであれば、当面の目標は、「20年で2,000万円作る」です。

　この目標を達成するために必要な手段となるのが、資産形成です。

　なかには資産形成と聞くと、お金持ちになるための手段と受け取る人もいるかもしれません。

　ただ、資産形成はお金持ちになることが目的ではなく、**お金の不安から解放されて、自分の人生を楽しむための手段**なのです。

　お金のことを一切考えずに目の前の仕事や趣味に没頭できたら、どんなに人生が豊かになるだろうか。私も以前はそのように考えていました。

　それでは具体的に何からはじめればいいのでしょう。

　それは、**お金のことをもっと知ること**からです。

「お金がない、お金がない……」といっている人に限って、実はお金のことをあまりわかっていない人が多いような気がします。

　あなたは、お金のことを、財布や貯金箱の中に入っているお札や小銭、銀行口座にある預貯金のことだと思っていませんか。

　間違ってはいませんが、お金はそれだけではありません。例えば、貯蓄型の保険に加入しているとしたら、その保険の掛金や将来受け取る保険金もお金ですし、会社で持株会に入っていて毎月自社株を積立購入しているとしたら、その株式もお金です。

　もしあなたがすでにマイホームを持っているとしたら、その家もお金ですし、自動車を持っているとしたら、それもやはりお金です。

　みなさんの考え方を変えていただくためにあえて誤解を恐れず、雑な説明の仕方をしましたが、要するに、現金や預貯金だけではなく、現金化できるものはすべてお金の一種なのです。そして、このさまざまな状態のお金を総称したものを、資産といいます。

　つまり資産形成とは、目標金額を目指して資産（お金）を作っていくことなのです。

　資産形成をはじめましょうというと、「資産なんてないからわかりません」と答える人もいますが、資産は誰にでもあります。

　次ページの図に資産となるものをまとめてありますが、それを参考にまずは「自分は何を持っているのか」を書き出してみてください。

あなたにもたくさん資産がありませんか？

～資産のいろいろ～

分　類	備　考
現金・預貯金	日本円だけでなく外貨も含まれる。
株　式	日本株だけでなく、外国株も含まれる。
債　券	日本国内の社債、国債や地方債。外国債も含まれる。
投資信託	日本株式、外国株式、REITなどさまざまな種類がある。
生命保険	貯蓄性保険。掛け捨てタイプの保険は含まれない。
不動産	土地、建物（居住用、投資用）。
商品券・小切手	有価証券の一種。
自動車	———
貴金属	金、プラチナ、ダイヤモンドなど。
コレクション品	絵画、骨とう品など。
高級時計	———

　案外、自分もさまざまなかたちで資産を所有しているのだなと気づくこともあるはずです。

 時間をかければ誰でも資産形成はできる

　資産を作っていく方法はいろいろあります。もっとも古典的なのは、貯金箱もしくは自宅のどこかに現金を貯めていく方法（いわゆるタンス預金）です。

　それでは、その方法で20年後までに2,000万円の資産形成を目指してみましょう。

　1カ月で約8万4,000円、1年間で100万円ずつ貯めると、20年後には累計2,000万円に達します。この時点で、「それ

だけあれば大丈夫」と思えたなら、もうお金のことで悩むことはありません。

　ここであなたに気づいてもらいたいことがあります。

　それは、「**時間をかけると資産は作れる**」ということです。難しいことを考えなくても、コツコツ貯めれば、資産は作っていけるものなのです。

　あなたが今30歳だとしたら、60歳までに30年あります。今40歳なら20年です。

　資産形成では「時間を使える」。このことをぜひ覚えておいてください。言い換えれば、**資産形成をはじめるのが早ければ早いほど、時間を味方につけることができ、容易に目標を達成することが可能になる**のです。

　とはいえ、月8万円はなかなか厳しい数字です。毎月の手取り金額が20万円だとしたら、現実的ではありません。

　かといって、月に1万円しか拠出できないとしたら、2,000万円を貯めるには、**167年**、2万円なら**84年**、3万円なら**56年**も時間がかかってしまいます。

　たとえ目標金額が2,000万円より少なかったとしても、このペースでは必要とする時点までに必要な規模の資産を形成することはかなり難しいのはいうまでもありません。

02 ｜ 銀行口座の残高が お金の現状把握にあらず

POINT

資産形成のための第一歩は、今の自分のお金の実力を正しく知ること。現状把握からはじまります。

 資産形成は銀行預金では間に合わない

タンス預金で無理なら、銀行に預けてみるのはどうでしょうか。残念ながら、銀行に預けても結果は同じです。現在、メガバンクといわれる大手銀行の普通預金の金利は0.001％、定期預金でも0.002％程度（2022年11月末時点）。

仮に100万円預けたとして、1年間の貯蓄で得られる利息は普通預金で10円、定期預金で20円。ここからさらに税金も差し引かれます。

つまり、**預貯金のみでの資産形成では、お金の不安から抜け出せない可能性が高い**ということです。

かといって、早く目標金額を達成するために、宝くじやスポーツくじなどの超高額払い戻しを期待して公営ギャンブルにお金を投じるのは非常にリスクが高く、神頼みに近い行為といわざるを得ません。

そこで、投資です。

投資とは、利益を得ることを目的に、現金を他の資産に換

えて保有することです。

　例えば、株式に投資する。

　そうすると、100万円で買った株式が、1年後には110万円に増えることがあります。もちろん、それとは逆に95万円に減ることもあります。投資にネガティブになる人たちは、このマイナスになるリスクを極端に怖がっていると思われます。

　投資に絶対はないので、お金を失うリスクが0になることはありません。しかし、お金や経済の仕組みについてよく勉強すると、リスクを可能な限り抑えながら、リスクに見合った果実を得られることがわかってきます。

「投資なんて危ない」
「大損したらどうするの」
「投資ってギャンブルでしょ？」

　もし投資にこんなイメージを持っているとしたら、それは間違った認識です。おそらく「投機」と勘違いしているのだと思います。

　先にも説明したように、資産の中には、株式のように常に価格が上がったり下がったりするものがあります。

　100万円で買った株式が105万円に上がったら、その時点で売れば5万円の利益になります。

　この短期的な価格変動を狙って利益を得ようとするのが、投機です。

あなたがメディアを通して見聞きしているような大儲けした話も、大損した話も、ほとんどが投機の成功と失敗だと思います。

　短期的な株価の動きについては、プロの投資家でさえ正しく予想することが困難なのですから、お金の専門家でもない人たちが真似をしようとしても大やけどする確率が相当高いといえます。

　資産形成に投機は不要です。そもそも**資産形成は、時間をかけて戦略的に行うもの**なのです。

お金の実力を知る＝資産形成のスタート地点

　資産形成の戦略を考えるには、まず、今の自分のお金の実力を正しく把握することが必要です。

　いわば、目標達成のためのスタート地点の確認です。

　例えばあなたが「渋谷に行きたい」と思っているとしても、自分が今どこにいるのかわからなければ、徒歩で行けるのか、電車を使わなければいけないのかもわからないし、どれくらいの時間で到着するのかもまったく見当がつきません。そもそも向かう方向を誤ってしまう可能性すらあります。

　スタート地点を正しく把握しなければ、渋谷にはたどり着けないということです。最悪の場合、渋谷に行くことさえあきらめてしまうかもしれません。

　もし渋谷にたどり着けるとしたら、偶然通りかかった自動

車がたまたま渋谷に向かっていて乗せてもらえたとか、当て
ずっぽうで歩いていたら着いてしまったといった、奇跡が起
きたときだけでしょう。

　しかし自分の人生を、そのような偶然に委ねてしまうのは
利口ではありませんよね。

　資産形成も同じです。

　自分の今のお金の実力を正しく把握できなければ、目標が
はっきりしていたとしても、どうやってそこにたどり着けば
いいのか正しい戦略を立てることができません。

　なんとなく投資を開始することはできたとしても、上手く
目標を達成できるかどうかは怪しくなります。達成できなけ
れば、あるいは、達成への道筋をより具体化することができ
なければ、お金の不安から解放されることはありません。

　ただ、自分のお金の実力を把握しましょうといった場合に
間違いやすいのが、目に見えるお金の流れだけを見てしまう
ことです。

　毎月これくらいの収入があって、これくらいの支出があっ
て、銀行口座にこれくらい残っている。

　たしかにそれもお金の現状であることに間違いはないので
すが、厳密にはお金のある一面に過ぎません。手元にあるお
金や、自分に見えているお金だけにとらわれると、この時点
でスタート地点にズレが生まれます。

　**正しく現状を把握するには、自分に見えているお金だけで
なく、見えていないお金ももれなく確認することが大事**です。

 負債の洗い出しも実力を把握するには 重要なポイント

　そもそも「お金がある」「お金がない」といった感覚も、銀行口座にいくら残っているか、手元にいくら現金があるかで判断するから生まれ、そうすることで勝手に不安になっているところもあります。

　例えば、銀行口座の残高と手元にある現金を見て、

「引っ越しを考えている場合じゃないよね」

「病気なんかできないな」

「家なんて買えるわけがないでしょう」

　考えてみると、「私はお金がない」といった具合に……。

　つまり、お金の不安から解放されないのは、自分が持っている現金だけを見て、足りないとか、間に合わないと思っているからなのかもしれません。

　ここまで、あなたが持っているお金について述べてきましたが、**正しくお金の実力を把握する**ためには、もうひとつ大切な要素があります。

　それは、負債です。わかりやすくいえば、借金です。

　あなたは、住宅ローンや自動車ローンなどは組んでいませんか？　もし組んでいるとしたら、スタート地点が少し変わってくることになります。

　では、次項からはその負債も含めて正しくお金の実力を把握する方法を見ていくことにしましょう。

03 お金の実力を知るヒントは 企業経営にあり

POINT

企業の財務諸表の貸借対照表（バランスシート）を参考にすると、自分のお金の実力がわかります。

お金の実力を把握するためのバランスシート

　自分のお金の実力を正しく把握する上で参考になるのが、企業の財務諸表です。そもそも、企業経営も、家計も、お金をどう管理するかという面では似たところがあります。赤字が続けば苦しくなるのは、企業も、家計も同じです。

　財務諸表とは、決算時に企業の財務状況を報告するために作成が義務づけられている書類で、特に重要なのは
「損益計算書（P/L）」
「貸借対照表（バランスシート、B/S）」
「キャッシュフロー計算書（C/F）」
　の３つになります。３つの書類を見て何がわかるかを簡単にまとめると、次のとおりです。

損益計算書……経営成績がわかる
貸借対照表……財務状態がわかる
キャッシュフロー計算書……資金状況がわかる

この３つを自分のお金にもあてはめてみると、家計の解像度がぐんと高まり、今の自分のお金の実力がわかるようになります。なかでも重要なのが、バランスシートです。

　次ページのバランスシートを見ていただくとわかりますが、左側に「資産」、右側に「負債」と、ここまで話してきた項目が並んでいます。

　では、バランスシートをさらに細かく見ていきましょう。

　資産の部に並ぶのは、企業が持っている財産（資産）です。ここでわかることは、**まだ手にできていない収入も含めて、換金できる価値のあるものがどれくらいあるかということ**です。

　一方、負債の部に並ぶのは、企業の借金です。ここでわかるのは、**将来の支出につながるものがどれくらいあるかということ**です。

　バランスシートで新たに登場するのが、「純資産」。

　純資産は、資産と負債の差額で、自己資本ともいわれます。**この自己資本（純資産）の割合が大きければ大きいほど財務状況は健全**といわれます。

　いってみれば、純資産を見ると、あなたのお金の実力がわかるということです。

　企業のバランスシートと同じように自分のバランスシートを作成すると、正しい戦略を立てるための正確なスタート地点を把握できます。

企業の真の実力がはっきりわかる

単位：千円

資　　産		負　　債	
【流動資産】	**450,000**	【流動負債】	**170,000**
現金預金	150,000	支払手形	100,000
受取手形	100,000	買掛金	50,000
売掛金	100,000	短期借入金	20,000
有価証券	50,000	【固定負債】	**200,000**
商　　品	50,000	長期借入金	100,000
【固定資産】	**550,000**	社　債	100,000
土　　地	300,000	純資産	
建　　物	150,000	資本金	500,000
機　　械	100,000	利益剰余金	130,000
合　計	**1,000,000**	合　計	**1,000,000**

資　産　＝　負　債　＋　純資産

04 | バランスシートであなたの資産の状況がまるわかり

POINT

自分のバランスシートが完成すると、資産形成のためのスタート地点を正しく把握できます。

 資産も負債ももれなく洗い出す

　それでは、企業の財務状況を把握するバランスシートを参考に、あなたのバランスシートを作成してみましょう。

　バランスシートの資産の部には、**あなたが持っている資産を金額とともにすべて書き込みます。**

　現金や定期預金以外の資産は、現金化したと仮定して想定金額を書き込んでください。

　国債、債券、株式、投資信託などの時価が確認できるものは、調べた時点の価格でかまいません。

　金銭換算が難しいのは、時価が不透明な資産です。

　右にあるバランスシートのサンプルで解説すると、居住用不動産以下は、基本的に**下にいけばいくほど、時価評価の客観性が低く、金銭換算する際に割引率を上げたほうがいい**（つまり保守的に見積もったほうがいい）**といわれる資産**です。

　目安としては、不動産はマーケットの評価から1〜2割減、自動車や時計などのグループは中古市場での流通評価額に対

資産形成のためのバランスシート（項目例）

資　産		負　債	
現　金	円	住宅ローン	円
普通預金	円	自動車ローン	円
定期預金	円	カードローン	円
個人向け国債	円	投資用不動産ローン	円
株　式	円	返済前奨学金	円
投資信託	円	その他	円
居住用不動産（持ち家）	円		
投資用不動産	円		
貯蓄性保険	円	小　計	円
DC／iDeCo	円	純資産	
自動車	円	あなたの本当の"お金の実力"	
時　計	円		
貴金属	円		円
その他、換金性の高い動産	円		
合　計	円	合　計	円

PART
1

CHAP
1

まずはお金に対する考え方と自分の資産をとらえなおす

バランスシートは
ここからダウンロード！

して３〜４割減。解約時や満期になるとお金が戻ってくるような貯蓄性保険に関しては将来受け取れる見込み金額ではなく、これまで実際に積み立てた金額で考えましょう。

　なお、DC（企業型確定拠出年金）と iDeCo（個人型確定拠出年金、ともに182ページ参照）に関しては、株式や投資信託と同様、客観的な評価が明らかですから、そのときの時価で評価しても基本的にかまいません。

　ただし、これらは一定期間現金化することができない自由度の低い資産になりますので、人によっては１〜２割ほど割り引いて評価することが適切な場合もあるでしょう。

　とはいえ、時価が不透明な資産に関しては、自分がどのくらい資産を持っているのかを、自分が納得できるかたちで把握することが一番重要なので、自分が決めたルールや考え方で評価してかまいません。

　例えば、ワインや絵画といったような資産を集めている人も中にはいるかと思いますが、資産のカテゴリーがニッチになればなるほど、実際に所有している自分自身が最も適正価格についてよく知っているということもしばしばです。

　こうして資産を書き出す際に見落としがちなのが、実は不動産なのです。例えば持ち家などは、住宅ローンが残っているため資産として考えない人もいますが、**資産と負債は切り分けて考える**ようにしてください。不動産の価値は常に変動しますし、住宅ローンの残債に関しても支払いごとに減少していきますから、その純資産価値（資産から負債を引いたもの）

は一定ではありません。こうした考え方を身につけるのも、正確な現状把握への大事な一歩です。

自動車や時計、貴金属などは、すぐ売らないにしても、売ろうと思ったら売ることができるものですから、すべて資産としてカウントします。

また、31ページに挙げたサンプルに「換金性の高い動産」という項目がありますが、これはトレーディングカードや商品券、ブランド品などです。先ほどのワインや絵画もここに入れることができるでしょう。要はお金になると思えるものはすべて洗い出してください、ということです。

資産の部を書き終えたら、次に負債の部です。

書き込む項目はそれほど多くはないと思いますが、**住宅ローンや自動車ローン、カードローンなど支払いが終わっていないものは、すべて書き出してください**。金利負担が発生しない返済前の奨学金なども、立派な負債の一部です。

なお、20代前半の人は、これといった負債はまだないかもしれません。その場合は、空欄でかまいません。

そして、最後に企業のバランスシートでいうところの「純資産」を記入します。**純資産の算出は、「資産－負債」**。それが、今のあなたのお金の実力ということになります。

バランスシート完成が資産形成の出発点

バランスシートが完成すると、今のあなたのお金の実力が正確にわかります。要するに、今純資産がどれくらいあるか

ということです。

　純資産とは、今あなたの資産を解体したらいくらあるの？ということでもあります。

　20代前半の人は負債のない人が多いでしょうから、資産＝純資産というシンプルなバランス構造になるケースが多いと思います。しかし、20代後半になって自動車ローンを組んだり、結婚して不動産を買って住宅ローンを組んだりすると、負債の項目も出てくるでしょう。

　バランスシートが完成した段階でわかるのが、あなたのポートフォリオです。

　バランスシートで見える化することによって、あなたを構成する資産や負債が丸裸になり、ようやく資産形成に向けた道筋のヒントが得られるわけです。

　このバランスシートそのものが、広い意味でのみなさんのポートフォリオといっても過言ではないのですが、その中でも本書では、資産の一部／流動資産（31ページのバランスシートの項目例でいうと、現金〜投資信託に、貯蓄性保険およびDC／iDeCoを加えたもの）を切り出した部分「投資用ポートフォリオ」のことを、便宜上“ポートフォリオ”として表現していきます。

　お金の不安から解放される目標を達成するためには、**どのようにポートフォリオを作り変え、最適化していくかということが極めて重要となります。**

05 | お金の実力は将来の 資産も含めて把握する

POINT

資産形成は、今ある資産だけで考えないこと。 未来のお金を加えることでより戦略性が高まりま す。

資産に未来のお金を加える

バランスシートでわかった今のあなたのお金の実力はどう でしたか？

意外と実力があることに、思わずニヤニヤしてしまったで しょうか？　それとも、現実を再確認することになって肩を 落としてしまったでしょうか？

しかし、ポートフォリオを最適化するには加えなければい けない資産が、もう1つあります。

バランスシートにもれなく書き出したのですから、これ以 上見落としている資産なんてあるわけがない。そう思います よね。たしかに、今ある資産はすべて書かれていると思いま す。

加えるのは、未来のお金です。

給与は、来月も再来月も入ってくるはずです。もっといえ ば来年も、再来年も、そして定年退職するまでずっと入って くるはずです。

そうでなければ生活できなくなるので、あたり前といえば、あたり前です。

ただ、**家計が赤字にならない限り、毎年いくらかのお金は残り続けていくことになります。**それが、加える未来のお金、先々のキャッシュフローです。

どうして先々のキャッシュフローを加える必要があるかというと、誤解を恐れずにいえば、**20年後、30年後の資産は、今の資産ではなく、十中八九、先々のキャッシュフローによって形作られる**からです。

若ければ若いほど、このことは当てはまります。それはもう真理といってもいいくらいです。

バランスシートを作成したときに若い人たちから聞こえてきそうなのが、「資産形成といわれても、今の自分の資産はこんなものですからね」というようなこと。

たしかに、若い頃は資産も少ないでしょうから、今のお金の実力は大したことないかもしれません。

しかし、先々のキャッシュフローを加味すると、その景色は一変します。

例えば、あと30年働き続けるとして、年平均100万円お金が残るとします。

100万円×30年で、3,000円万円になります。今の純資産が300万円だったとしても、3,000円万円を加えると3,300万円になります。

一切投資活動を行わず、タンス預金をしていたと仮定しても、この数字です。

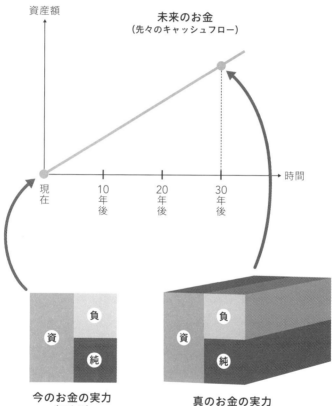

未来のお金を加えたのがあなたの資産

〜二次元から三次元で考える現状把握〜

資産額

未来のお金
（先々のキャッシュフロー）

時間

現在　10年後　20年後　30年後

負
資
純

今のお金の実力
（二次元）

負
資
純

真のお金の実力
（三次元）

これが、あなたの真のお金の実力なのです。

　バランスシートで把握した今のお金の実力が、二次元の評価にもとづくものだとしたら、**先々のキャッシュフローを加味するということは、三次元でお金の実力を評価するイメージ**となります。

　資産を三次元でとらえると、その体積は一気に大きくなり、金額にすると一桁、二桁違ってくることだってあります。

　自分自身のお金の実力を、300万円を前提として考えるのか、3,300万円を前提として考えるのか。

　資産形成のための戦略は、まったく変わってきます。会社員であるみなさんがやるべき資産形成は、この三次元で資産をとらえたところが出発点になります。

みんな未来のお金を使っている

　ただ、資産形成は、先々のキャッシュフローまでを組み込んでから考えるというと、

「そんなことをして大丈夫ですか？」

　そう考える人もいるかもしれません。

　しかし、みなさんでも未来のお金を想定して使っていることがよくあります。

　キャッシュレス決済、要するに現金払い以外の買い物は、実際に自分の口座から引き落とされるのは1カ月後、2カ月後のことです。

　商品やサービスの支払いを分割にするのも、先々の入金を

想定しているからです。

　また、先々に入ってくるお金を想定した最大の買い物は、なんといってもマイホームでしょう。
　一般的な収入の方には、数千万円以上する超高額商品を現金で購入するのは、とても無理だと思います。それでも買えてしまうのは、未来のお金を想定して住宅ローンが組めるからです。

　先々の収入は不確実性がともなうものですが、それでもマイホームのような大きな買い物ができるのですから、未来のお金を組み込んで資産形成の戦略を考えても、何も問題はないでしょう。
　そうすることによって、幅広い視点で戦略を立てられるようになります。

今のお金の実力
＋
先々のキャッシュフローで
真のお金の実力
がわかる!!

06 時間を含めた三次元で 資産を立体的にとらえる

POINT

三次元で立体的になった自分の資産を見ると、投資にいくらかお金を回してもいいかなと思えるようになります。

あなたにも本当は「お金がある」

未来に入ってくるお金を組み込むからこそ、資産形成をはじめられるということもできます。

お金がない……、と不安を感じながら資産形成をはじめられないのは、目に見えているお金だけで判断しているからです。バランスシートを作成しても、投資に前向きになれない人は、今のお金の実力がわかることで、さらに現実を突きつけられて縮こまってしまうからかもしれません。

結局、預けていてもほとんど増えないのに、銀行口座にコツコツと積み上げていく。これでは、いつまでもお金の不安から解放されることはありません。

ところが、**未来のお金（先々のキャッシュフロー）を加えて資産を三次元でとらえると、「お金がない」と思っている人でも、「お金がある」ことに気づけるようになります。**まず、ここが大事です。

そして、その三次元の資産を俯瞰して、ポートフォリオを

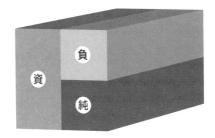

三次元の資産からポートフォリオを構築

負
資
純

三次元の資産からポートフォリオを構築する

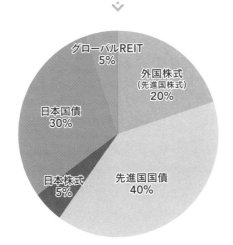

適正化していく。いくら貯金して、いくら保険をかけて、いくら不動産に投資して、いくら株式に投資してなど、具体的に組み立てていくのです。つまり、目標を達成するためのシナリオを描いていくわけです。

投資にまわせるお金が見えてくる

　資産を二次元から三次元でとらえるときに課題となるのは、未来に入ってくるお金の予測です。

　今働いている会社でもらっている給与が将来にかけてどう変化していくのか、安定性や事業の成長性といったことでも大きく変わってくると思います。

　算出の目安は、今働いている会社の上司の給与、所属する業界、職種の平均給与などになるでしょう。もちろん、だいたいの数字でかまいません。

　資産の金銭評価と同じように、資産形成を考えるうえで自分が納得できるかどうかがポイントになります。

　公務員や大手企業の社員なら、賃金上昇も含めて予想しやすいでしょうし、終身雇用が怪しくなってきている昨今とはいえ、比較的高い確率で収入が保証されることになるでしょう。

　そうでない人は、保守的な数値にしておくほうがいいでしょう。不確定要素が多い自営業やフリーランスの場合は特に控えめにすることです。

　未来のお金に関する目安は、Chapter 3のケーススタディを参考にしてください。

　未来のことだけに、会社員としてのあなたを取り巻く状況に変化を与えるいろいろなファクターが考えられますが、はっきりいえることは、これからも収入はあるということです。

　つまり、あなたの資産が三次元でとらえられることに変わりはありません。そうでなければ、そもそも生活することさえできなくなりますからね。

　作成したバランスシートに、未来のお金を加えて三次元になったあなたの資産を眺めてみてください。

　それが、資産形成のために使えるあなたの総資産です。

　例えば、今あなたが、銀行に100万円のお金を持っていたとします。そのまま、預けておいたほうがいいですか？　三次元になった総資産の規模から判断すると、投資にまわしてもいいと思いませんか？

　私には、投資にまわさない理由が思い浮かびません。

　自分の資産を正しく把握できると、今どれだけのお金を貯蓄すべきか、投資すべきか、どの程度のリスクを許容できるかを把握できるようになります。

07 | 現金として蓄えておきたい理由は何？

いつでも換金できる資産があれば、急な出費のために現金で手元に置いておく必要はありません。

 手元に現金がなくてもほとんど困らない

ポートフォリオの適正化は、足元の最適なポートフォリオを構築することにとどまらず、今後数十年間の**タイムホライズン**（投資における時間軸）を念頭に、資産形成のためのシナリオを描くことを意味します。

ここで障壁となりそうなのが、**日本人の総資産に対する現金比率の高さ**です。

海外の人と比べて不確実なリスクに対して慎重になりがちなのは、日本人の特徴なのかもしれません。

本書の執筆時点で大きく話題になっている新型コロナウイルス感染症への対応を見ると、それは明らかでしょう。

早々にマスクを外して行動している欧米人と、真面目にマスクを外さない日本人。どちらが正しいかはわかりませんが、日本人がリスク回避型であることを示すひとつの事例ではないでしょうか。

　必要以上に手元に現金を持つのも、その習性からくるものかもしれません。

「明日急に体が動かなくなって、給与がもらえなくなったらどうするの？」

　そんなことをいって危機感を煽(あお)り、手元に現金をたくさん持っておきなさいと話をする人もいます。

　冷静になって考えてみましょう。

　あなたが、明日、急に働けなくなる確率がどれくらいあると思いますか？

　その可能性は極めて低いと考えられます。60歳未満で健康な人なら、確率的にほとんどないといえます。

　もちろん、働けなくなるような予期せぬ事故にあうリスク

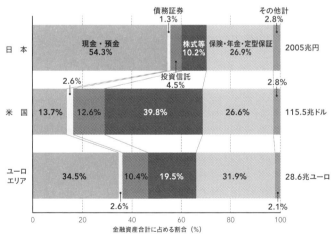

日本と米国、ユーロエリアの家計の金融資産構成

		債務証券 1.3%		その他計 2.8%	
日本	現金・預金 54.3%	株式等 10.2%	保険・年金・定型保証 26.9%		2005兆円
	2.6%	投資信託 4.5%		2.8%	
米国	13.7% / 12.6%	39.8%	26.6%		115.5兆ドル
ユーロエリア	34.5%	10.4% / 19.5%	31.9%		28.6兆ユーロ
	2.6%			2.1%	

0　　20　　40　　60　　80　　100
金融資産合計に占める割合（％）

※「その他計」は、金融資産合計から、「現金・預金」、「債務証券」、「投資信託」、「株式等」、「保険・年金・定型保証」を控除した残差。

出典：日本銀行調査統計局「資金循環の日米欧比較」

はあるでしょう。

　しかし、警察庁のデータによると日本国内における1年間の交通事故の数は2020年で約31万件。日本の人口は約1億2600万人ですから確率的には約0.2％、明日、交通事故にあって働けなくなる確率はというと、さらに低くなります。

　そんなリスクのために、どれだけの現金を手元に置いておく必要があるでしょうか。はっきりいって、ほとんどなくても問題ありません。

　仮に株式に投資していたとしても1日で現金化できますし、不動産に投資していたとしても、売却までに多少の時間がかかるとはいえ、（価格設定にもよりますが）数カ月もすれば売れるでしょう。

　そもそも、換金可能なのが、資産です。

　急にお金が必要になっても、ほとんど困ることはありません。

　さらにいえば、日本の社会にはセーフティネットもあります。例えば、働ける状態ではなくなるような事故にあったとしても、セーフティネットを活用すれば生活は保障されます。

　それでもあなたは、現金を持っていないと不安ですか。

08 現金主義では もう資産を守れない

POINT

現金の価値は変わります。現金で持ち続けること が決して安全というわけではありません。

 あなたの現金の価値は変わる

　万一に備えて、現金を手元に蓄えておきたい心理はわかり ますが、はっきりいってナンセンスです。

　手元に現金があるほうが安心材料になると思っているのは 勘違いで、それよりも、その現金を投資にまわしたほうが、 あなたの未来を守ることになります。

　あなたは、今、手元に持っている現金1,000円に、いつま でも1,000円の価値があると思いますか？　現金の価値はい つまでも変わらないと思っていますか？

　現金の価値は変わります。

　例えば、円安傾向が続く世の中では、1ドル100円のとき と1ドル130円のときとでは、この1,000円の価値が変わり ます。

　1ドル100円のときにアメリカ旅行へ行って、10ドル （1,000円）で食べたハンバーガーが、1ドル130円のときに 行くと1,000円では食べられません。

また、メディアで昔の映像が流れたりすると、よく「当時の価格は……」とか、「今の価格にすると……」などと表現されることがあります。

　これは、現金の価値が今と昔で変わったからです。昔は50円で買えたものが、今は100円出さないと買えない。よくあることですよね。

　かといって、昔の50円玉を100円玉に交換してもらえるわけではありません。50円玉は、現金で持っている以上、50円の価値でしかないのです。

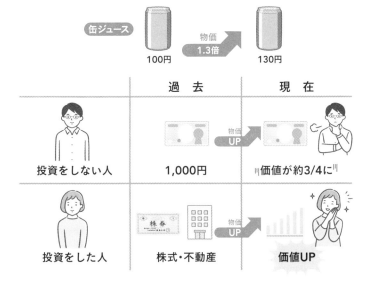

　これが資産を現金で持つことのリスクです。現金を持って
いると今は安心感はあるかもしれませんが、その先の自分の
未来についていえば、守れているようで守れていないのです。

 ## リスクを取ることが逆にリスクヘッジになる

　例えば、老後資金として2,000万円必要といわれますが、
2,000万円という数字は、今の価値で算出された金額です。
もしかすると、今2,000万円持っていたとしても、30年後
には、それでは足りないかもしれません。
　そうだとするなら、2,000万円すべてを現金で持つことを
目標にする必要があるでしょうか。
　2,000万円を、いろいろな資産に振り分けて持っていたほ
うが安全だと思いませんか。

　先ほどの円安の話でも、1ドル100円の頃に現金を外貨
（ドル）に換えて持っていたとすると、まったく損していな
いことになります。なぜなら10ドルの価値が1,000円から
1,300円になるからです。

　もちろんその逆もあり得ますが、総じて**資産すべてを現金
で持ち続けるよりも、株式や債券、外貨、不動産などに振り
分けて持っておいたほうが、リスクを回避できる可能性が高
くなります。**
　現金、預貯金以外はリスクをともなう資産であるのは事実
ですが、投資するほうが逆に資産を守ることになるのです。

それがポートフォリオの適正化による資産形成です。

　そのためには、先にも解説したように、まず、自分が今どこにいるのか（スタート地点）を正しく知ることが大事です。

　ただし、今いる地点がわかっても、これからどこへ向かえばいいのか、東へ行くのか、西へ行くのか、ゴール（目標地点）が定まらなければ、今やるべきことを正しく特定することができません。

　目標地点があるからこそ、歩いていくのか、自転車で行くのか、自動車で行くのか、電車で行くのか、さまざまな選択肢の中から手段を特定することができるわけで、目標地点がなければ、たださまようだけ。もしくは、じっとその場に居座り続けるだけになるでしょう。

　ポートフォリオの適正化は、**ゴール（目標地点）を設定してはじめて、最適な資産配分とその後のシナリオについて考えられるようになります。**

　同じ所得、同じ資産額でも、目標地点が変わると最適なポートフォリオは、まったく変わってきます。

　Chapter 2以降では、具体的にゴールを設定し、ポートフォリオを組んでみることにしましょう。

Chapter 2
ゴールイメージを
明確にして無理せず
十分な資産を築く方法

01 | 目標は背伸びせず できる範囲でストレッチ

POINT

現実的な運用目標は、利回り3～6%。
それを超える目標は、過剰なリスクを抱えること
になります。

 資産の成長率は利回り7～8%が限界

　スタート地点の次は、ゴール地点（目標地点）を設定します。
そして、スタートとゴールを線でつなぎ、目標を達成できる
ようにポートフォリオを構築していく。それが、あなたをお
金の不安から解放してくれる道筋です。

　Chapter 1で説明したように、スタート地点に関しては、
できるだけ正しく現状を把握することが大切でした。
　では、目標地点はどうでしょうか？
　**目標地点は、あなたがお金の不安から解放される地点なの
で、「こうすればゴールだ」という明確な答えはない、**とい
うのが実際のところです。
　なぜならライフスタイルは人それぞれですし、こういう人
生にしたいという夢もまた人それぞれ異なるからです。
　とはいえ、非現実的な目標は論外です。ポートフォリオに
無理が出てきますし、無謀な計画は大きなリスクをともなう
ことになります。

その結果、お金を増やすどころか、自分の大切な資産を失ってしまう恐れも出てきます。

私が、資産形成の目標を設定するときに、大事にしていることは、「背伸びせずに、現実的に達成可能な範囲でストレッチする」ということ。

言い換えると**現状把握のプロセスを経ることである程度わかってきた自身の出発点をもとに、身の丈に合った目標を設定する**、ということです。

ポイントは、1円でも多く稼ぐ、貯めるといった抽象的な目標を立てることではなく、より具体的な目標地点についてイメージすることです。

なお、この目標地点をイメージすることができてはじめて、あなた自身の経済的なポテンシャルを最大限に花開かせることが可能になります。

投資でどれだけ資産を増やせるか？

そのためにまず理解してほしいのは、そもそも投資活動で資産をどれくらい増やせるのか、ということです。

仮に、現在、すぐに投資にまわせるお金が100万円あったとします。運用する期間は10年としましょう。さて、あなたは、100万円をどこまで増やせると思いますか。

2倍の200万円？　3倍の300万円？　10倍の1,000万円？どれも不可能ではありませんが、10倍となると、いよいよ現実的ではなくなります。

みなさんは、利回りという言葉をご存じでしょうか。

こういうと「それくらいわかっているよ」と答える人がほとんどかもしれませんが、大事なことなのであえて説明させてもらいます。

利回りとは、**投資した金額に対する収益の割合**をいいます。例えば、100万円投資して1年間で10万円の利益を得たなら、利回り（年利）は10％になります。

年利10％を10年間維持できると、毎年10万円ずつお金が増えていくことになるので、10年後には投資したお金は2倍になります。

実際には複利で運用していくことが一般的ですので、年利10％の収益率を維持することができれば約7.2年で投資したお金が2倍になる計算となります。ただ、ここでは話を簡単にするために、元本部分（100万円）の再投資（単利）を前提に話を進めたいと思います（単利と複利については58ページを参照してください）。

ちなみに3倍だと年利20％、10倍だと年利90％。数字上はこうなります。ただ、**実際は年利20％でも実現するには厳しい数字で、90％ともなると、もはやギャンブルといっていいでしょう。**

年利10％も現実的ではない？

次ページに紹介しているグラフは、世界株式と世界債券の過去20年間（2002年4月〜2022年10月）の累積収益率を示

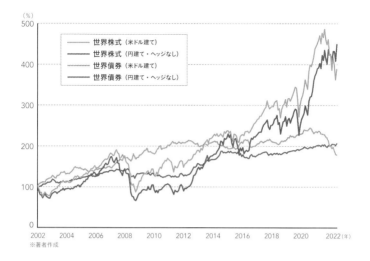

過去20年間の世界株式と世界債券の累積収益率

(%)

凡例:
- 世界株式 (米ドル建て)
- 世界株式 (円建て・ヘッジなし)
- 世界債券 (米ドル建て)
- 世界債券 (円建て・ヘッジなし)

2002 2004 2006 2008 2010 2012 2014 2016 2018 2020 2022 (年)
※著者作成

したもので、それぞれの資産に投資した場合にどれだけの収益を上げることができたかがわかるチャートです。

細かく見ていくと、この期間の収益率は、

株式……米ドル建てで12.0%／円建てで13.3%

債券……米ドル建てで5.0%／円建てで6.2%

となっています。

これを見てみなさんどう思いますか？

株式の収益率の13％程度が多いか少ないか。

債券にいたっては、6％程度です。

実をいうと、この期間は歴史的に見ても大変よい投資成果

が得られたといってもいい過ぎではない、まさに投資にとって絶好の期間でした。

　長い目で見た市場の大きな浮き沈みもひっくるめて考えると、株式市場に期待していい収益率（年率）は、6％前後が現実的なところです。

　現に、このチャートにも示されている2021年12月以降、株式市場は世界的に大幅に下落しており、それまでに積み上げてきた収益の多くを失う展開となっているのです。

　株式や債券を含め、どんなに上手にポートフォリオを組み、その時々の状況に合わせ資産の配分を上手く調整したとしても、投資活動から期待できる利回りは7〜8％（年利）が限界だと思ってください。より慎重に、目標地点を設定するなら、資産の成長率としては3〜6％（年利）くらいを想定しておくことです。

　これらをイメージして目標地点を設定するならば、**リスクを積極的に取ってでも資産の成長を追い求めたいケースでも利回りのターゲットは6％程度、リスクをなるべく回避しながら安定した資産形成を目指したいケースでは、3％程度の利回りのターゲット**が適切ということになるでしょう。

　利回りが20％なければ達成できないような目標は、あまりにも無謀な目標といえます。

背伸びをしなくても資産は増やせる

　ここまで説明すると、「知り合いが1カ月で資産を2倍に

したといっていた」「仮想通貨で億り人になった友人を知っ
ている」、「3日連続でストップ高になった株式もある」など
といった声も聞こえてきそうです。

　しかし、これらはいずれも再現性がありません。たしかに、
短期間のうちに大幅な収益につながる可能性のある投資機会
は少なからず存在しますし、特にそのような耳当たりのいい
話ほど誇張されがちです。

　ただ、多くの本にも書かれていることですが、**リターンの
可能性には常にリスクが付きものである**ということを忘れて
はいけません。

　短期間で2倍になる可能性のある投資機会というのは、裏
を返せば、同じく短期間で半分、あるいはゼロになるリスク
もあるということなのです。

　"リターンはリスクの裏返し"であるということをインプッ
トしておいてください。

　旨い話に乗せられ、投資にまわせるお金を一気に何倍にも
何十倍にもしようと背伸びをして、仮想通貨やFXなどに大
きなレバレッジ（借り入れを利用し、少ない自己資金でリターン
を高めようとする取引手法）をかけて投資しないことです。

02 | 資産形成は「複利」を基本として考えよう

POINT

会社員の場合、複利でかつ長期なら、自分の目標とする資産を手に入れるのはそんなに難しいことではありません。

資産形成の運用は「複利」が基本

ここまでの説明を聞いて、「そうはいっても年利3〜6％で本当に大丈夫？」と思っている人もいるかもしれません。ここで、目標地点を設定する前にもう1つ理解しておきたいのが、先ほども少し説明した「複利」という考え方です。

長期的に資産を増やしていくときは、複利で運用するのが基本になります。

先ほど、年利10％だと100万円が10年間で2倍の200万円になると述べましたが、これは「単利」という運用方法で考えた場合です。

1年間で10万円ずつ増えるため、10年間だと利益が100万円で元金と合わせて200万円になります。

これに対し**複利とは、得た利益を元本に組み入れて運用を続ける方法**になります。

元本が変わらない「単利」、増えていく「複利」

●単利

●複利

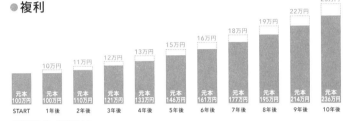

※参考サイト「断捨リノベ」

　つまり、年利10％なら、2年後の元本は利益の10万円をプラスした110万円。その分、2年後で得られる利益は、元本100万円のときより多くなります。

　複利で運用すると、資産の増え方は大きく変わってきます。例えば、100万円を年利10％で10年間運用したとして、それぞれを比較してみましょう。

単利：100万円→200万円
複利：100万円→259万3,742円

　単利と複利では、運用実績にこれだけの差が生まれます。最初に投資する金額は同じですから、長期で運用するなら圧倒的に複利が有利なことはわかるでしょう。

　もちろん、投資にリスクがないわけではありませんから、

複利で運用した結果、ある年の運用成績がマイナスとなった場合には、その年の損失幅は単利で運用した場合と比較して大きくなります。

　しかし、それも20年、30年という長期的な視点で資産を作ることを考えると大した問題ではなくなってきます。

　スタート地点の現状を把握したとき、目の前にある資産は少ないかもしれません。

　ただ、その資産が、年3〜6％の利回りで増えていくと、10〜20年のうちに1.5〜2倍に膨らんでいきます。つまり、**将来も含めて考えれば、あなたの手元には一桁も二桁も違う資産がある**わけです。

　それが、「背伸びせずに、できる範囲でストレッチする」ということです。

　背伸びしない目標を設定し、その目標を実現するために、ポートフォリオを構築していく。

　堅実なやり方ですが、それが**お金の不安から解放される、もっとも賢く現実的な方法**なのです。

03 現状を正しく把握できていると目標の限界地点もわかる

POINT

毎月定額積立を年利3〜6％で30年間続けると、
投資したお金は約1.7〜2.7倍に増えていきます。

 限界地点が低いからといって焦らない

　自分の資産の現状を正しく把握できると、おのずと目標地点の限界もわかります。

　それが自分のイメージする将来像と異なるなら、仕事や生活を変えるという選択肢もあります。転職したり、起業したり、在宅勤務が可能なら住居費を抑えるために居住地を変えたりするなど、いろいろ考えられることでしょう。

　なお、本書では、**"資産形成を通じて生活を豊かにする"** という観点にポイントを絞っていますので、そもそもの出発地点や前提条件（自分自身のポテンシャル）を劇的に変えるための仕事術については、あえて深く触れません。

　どうしてもそちらが気になる方は、私の著作『行動が結果を変える ハック大学式最強の仕事術』（ソシム）や『「説明が上手い人」がやっていることを1冊にまとめてみた』（アスコム）、『「超」メタ思考 頭がよくなる最強トレーニング57連発』（KADOKAWA）を読んでいただければと思います。また、本

書にも 207 ページ以降に付録として「会社員として稼ぐ力を上げる仕事術 10 選」をダイジェスト的に収録しているので、そちらも参考にしていただけるとうれしいです。

　さて、話を戻しましょう。
　私がここでお伝えしたいことは、たとえ**目標の限界地点が見えたとしても焦る必要はない**、ということです。
　まずは、時間も加味した三次元でとらえた今の自分の資産にどれだけの経済的ポテンシャルがあるのか、それを理解するところからすべてがはじまります。
　自分の資産を洗い出しもせず、未来の資産を組み込むこともしないまま、「お金が足りない」となげく。それでは、いつまで経っても不安は拭えません。

毎月いくら、年間でいくら投資できるか

　ではここで、自分の限界地点の目処がどれくらいになるのか。イメージがつきやすいよう、そのとらえ方を数字とともに見ていくことにしましょう。

　三次元でとらえた資産は、あたり前ですが、今この瞬間にすべてが手に入るわけではありません。
　最初から 1,000 万円、2,000 万円といった大きな金額を投資にまわせる人は限られるはずです。
　20 代、30 代前半の人なら、現実的には、これから先の将来において、毎月どれくらい投資できるか、年間でどれくら

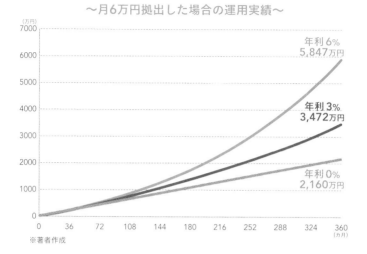

年利3％で拠出金総額の約1.7倍、年利6％だと約2.7倍

～月6万円拠出した場合の運用実績～

（万円）
7000

6000

年利6％
5,847万円

5000

4000

年利3％
3,472万円

3000

2000

年利0％
2,160万円

1000

0

0　　36　　72　　108　　144　　180　　216　　252　　288　　324　　360
（カ月）
※著者作成

い投資できるかという考え方になると思います。そうした場合、多くの人が毎月2万〜6万円、年間24万〜72万円くらいのスモールスタートになるのではないでしょうか。

　それでは、あなたが今30歳で、60歳までの30年間、毎月6万円を年利3％と6％で複利運用したとしてシミュレーションしてみましょう。

　月に6万円を30年間投資にまわす（拠出する）と拠出金の総額は、72万円×30年で2,160万円になります。そして運用実績は以下のとおり。

年利3％で運用すると、約3,472万円。
年利6％で運用すると、約5,847万円。

三次元でとらえた自分の資産の現状把握にもとづき、もし月6万円を投資にまわせると判断できたとしたら、30年後にはこれだけの資産を作ることができます。

　あなたは、この数字を見てどう思いますか？

　60歳のときに6,000万円近い資産があるなら十分と思った人もいるでしょうし、「いや全然足りない、自分は1億円ないと不安」と思った人もいるでしょう。

　その数字に満足できるかどうかは人それぞれなので、そこに正解があるわけではありません。

　ただ、ここで覚えておいてほしいのは、**月6万円を拠出できれば、30年後に4,000万〜6,000万円くらいの資産を作るのは、それほど難しいことではない**ということです。

　もちろん、いくら資産を三次元でとらえても毎月6万円を拠出するのは厳しいと判断する人もいるでしょうし、6万円以上をらくらく拠出できるという人もいるでしょう。

　現状を正しく把握できると、その判断も正確にできるようになります。

　そして、そこから算出される数字から自分の限界地点を想定することもできます。

　仮に、拠出できるお金は月6万円が限界だとすると、今後30年間の運用期間を確保できる場合、目標金額の上限は約6,000万円ということになります。

　拠出できるお金が6万円以下なら6,000万円以下、6万円以上なら6,000円万円以上ということです。

こうした試算は、ネット上の複利計算のシミュレーションができるサイトやスマホのアプリなどを活用すれば、誰でも簡単に試すことができます。

前提条件さえ決まれば、プロの力を借りることなく容易にシミュレーションが可能な時代ですから、なおのこと自分の資産の現状を正しく把握することが大切であり、決め手となるのです。

もし本書を読む前に想定していた目標が限界地点を超えていたとしたら、それはすでに無理のある計画だということ。少し下方修正する必要がありそうです。

といってもネガティブにとらえることはありません。あくまでも現状分析から導かれた数字であって、数年後に上方修正することは十分に考えられます。

資産形成をはじめる段階では、まず自分の足元を見つめ、背伸びすることなく目標を設定することが肝心です。

世界の株式や債券の利回り推移から判断すると、「長期運用で資産は増える」といえますが、絶対ではありません。

投資におけるリターンとリスクは裏表の関係ですから、年利3〜6%ということは、それだけマイナスになる（損する）可能性もあるということです。

繰り返しになりますが、それ以上のリターンを求めると、それだけリスクも高くなります。

04 | 見た目の数字を 過大評価することは避けよう

POINT

自分の資産を三次元で把握することは成功への近道ですが、かといって見た目の数字を過大評価せず、冷静に必要利回りを見極めましょう。

 目標は２つ。目標金額と目標リターン

　自分の資産の現状を把握し、資産作りの限界地点の目処がわかったら、具体的に目標を設定しましょう。

　最適なポートフォリオを組むには、目標は２つ設定する必要があります。

　１つはゴールから逆算した、目標金額。つまり**いくら資産を増やすか**。

　もう１つは目標リターン。**実際に年何％の複利で運用する必要があるか**、です。

　目標金額とは、簡単にいえば「いくら増やしたいのか」。3,000円万円ある資産（例えば、今持っている預金600万円と、これから30年間で無理なく拠出できると考えられる2,400万円〈80万円×30年〉）を30年後に5,000万円にしたいなら、目標金額は、「30年後までに2,000万円増やすこと」になります。

　この数字は、今の自分の資産と自分がイメージする将来からそれぞれ設定してください。おおよその限界地点はわかっ

ているはずですから、もはや無謀な目標を設定することはないと思います。

目標リターンは時間価値を考慮する

目標リターンとは、ここまで何度か登場した利回りのことで、**最終的な目標を達成するためにどれくらいの利回りが必要か**ということです。

現状把握の一環で、将来得られるキャッシュフロー（未来のお金）も加味して三次元的に自分のお金の実力を確認しましたが、今この瞬間、それらすべてを投資にまわせるわけではありません。

例えば、10年後に拠出できると想定している80万円は、10年後以降しかポートフォリオに組み込むことができません。つまり、利回りの恩恵にあずかることができないのです（あたり前のようですがここが大事です）。

したがって、**どれだけの資産を、どれだけの期間、投資にあてることができるのか**、という、時間的な価値を考慮した発想で目標リターンを考えることがとても重要となってきます。

この時間的価値を考慮した利回りを、難しい言葉を使うと内部収益率（IRR）といいます。当然ですが、IRRの数値が高ければ高いほどリスクも高くなります。

ただ、時間的価値といわれてもわかりづらいですよね。

では、具体的に説明していきましょう。

例えば、初年度に100万円を投資して5年間運用したケースと、初年度に20万円を投資して、その後毎年20万円ずつ追加投資して5年間運用したケースを比較してみます。

　いずれも年利6％（IRR6％）で運用した場合、結果はどのように違ってくるでしょうか。

　正解は、以下のようになります。

①初年度に100万円を投資して、5年間運用した場合

　　1年目 ……………………　**106**万円

　　2年目 ………………… **112.36**万円

　　3年目 ……………… **119.1**万円

　　4年目 ………………… **126.25**万円

　　5年目 ………………… **133.82**万円

②初年度に20万円を投資して、その後毎年20万円ずつ追加投資して5年間運用した場合

　　1年目 ………………　　**21.2**万円 +20万円＝　**41.2**万円

　　2年目 ……………… 43.67万円 +20万円＝ **63.67**万円

　　3年目 ……………… 67.49万円 +20万円＝ **87.49**万円

　　4年目 ………………92.74万円 +20万円＝**112.74**万円

　　5年目 ……………………………………… **119.5**万円

　いかがでしょうか？

　この2つをグラフにしてみると、次ページのようになります。

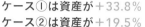

初年度に100万円投資と毎年20万円投資の比較

ケース①は資産が＋33.8%
ケース②は資産が＋19.5%

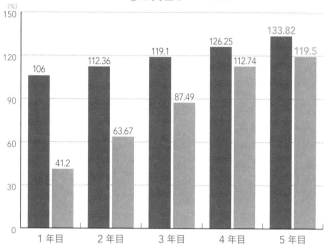

（％）

	1年目	2年目	3年目	4年目	5年目
ケース①	106	112.36	119.1	126.25	133.82
ケース②	41.2	63.67	87.49	112.74	119.5

　同じIRR6％でも、①のケースは+33.8%、②のケースは、+19.5%となります。

　投資元本は同じ100万円でも、より多い金額を、より長い期間投資にまわしたケースのほうが、最終的な投資成果は格段に上回っているのがおわかりいただけると思います。

　仮に、目標金額が＋19.5％でいいなら、初年度から100万円拠出できる場合、IRRは6％以下でいいということになります。

　つまり、**いつ、いくら拠出できるかによって、目標リターンは変わってくる**のです。

三次元でとらえた資産が3,000円万円、目標金額を5,000万円としたときに、すぐに3,000円万円拠出する人と、年間100万円の拠出を30年間継続する人とでは、目標リターンとして設定するIRRは以下のようになります。

すぐに3,000円万円拠出する…IRR1.72％
年間100万円拠出を30年間継続する…IRR3.43％

　目標リターンが異なれば、ポートフォリオの組み方もまったく違ってきます。ほとんどの人が、後者のケースのように時間をかけて資金を投下していくことになるでしょう。

　目標リターンは、「3,000円万円を5,000万円にする」と単純に考えるのではなく、「**3,000円万円のうち、すぐに拠出できるお金がいくらで、毎年拠出できるお金がいくら**」と**細分化してから設定することが大事になります。**
　それが最適なポートフォリオを構築するポイントといっていいでしょう。
　それでは、三次元でとらえた資産から目標金額を達成するために必要な利回り（IRR）を算出するにはどうしたらいいか。といっても、表計算ソフトのエクセルを利用すると、誰でも簡単に算出することができます。
　手順は次のようになります。

①以下のような表組を作成します。

　最初の行に「初期投資金額」を、次の行からは目標金額を何年で作るのかの「期間」を入力し、最後の行に「IRR」の欄を設けます。

	A	B
1	初期投資金額	
2	1年目	
3	2年目	
4	3年目	
5	4年目	
6	5年目	
7	6年目	
8	7年目	
9	8年目	
10	9年目	
11	10年目	
12	11年目	
13	12年目	
14	13年目	
15	14年目	
16	15年目	
17	16年目	
18	17年目	
19	18年目	
20	19年目	
21	20年目	
22	21年目	
23	22年目	
24	23年目	
25	24年目	
26	25年目	
27	26年目	
28	27年目	
29	28年目	
30	29年目	
31	30年目（目標金額）	
32	IRR	

年数は目標金額を達成する期間に合わせて調整してください。

IRR計算
エクセルはここから
ダウンロード！

②表組のＢ列に、すぐに拠出できる金額（初期投資金額）と毎
　年拠出できる金額、そして最終年度に目標金額を入力しま
　す。初期投資金額を含める拠出金額はお金が出ていくこと
　になるのでマイナス表記、最終年度の目標金額はお金が
　入ってくると考えプラス表記とします。

すぐに拠出
できる金額。
ここもマイ
ナスで記入

	A	
1	初期投資金額	0
2	1年目	-100
3	2年目	-100
4	3年目	-100
5	4年目	-100
6	5年目	-100
7	6年目	-100
8	7年目	-100
9	8年目	-100
10	9年目	-100
11	10年目	-100
12	11年目	-100
13	12年目	-100
14	13年目	-100
15	14年目	-100
16	15年目	-100
17	16年目	-100
18	17年目	-100
19	18年目	-100
20	19年目	-100
21	20年目	-100
22	21年目	-100
23	22年目	-100
24	23年目	-100
25	24年目	-100
26	25年目	-100
27	26年目	-100
28	27年目	-100
29	28年目	-100
30	29年目	-100
31	30年目（目標金額）	5000
32	IRR	

毎年拠出で
きる金額を
マイナスで
記入

最終年度に目標
金額をプラスで
記入

③次にIRRを算出します。エクセルに設定されている関数「IRR」を使うと簡単です。表中B列の空欄になっている最後のセル（IRRの右のセル）を選び、「数式→財務→IRR」を選択。表示されるダイアログにB列の初期投資金額から最終年度の目標金額までの範囲を選択し、「OK」ボタンを押すと、IRRの数値が算出されます。それが、目標リターンになります。

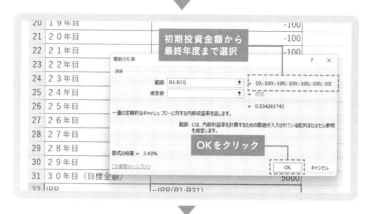

　ちなみに、IRRを算出した時点でIRRが10％を超えるようなら、現状では無理な目標という判断になります。

　そのときは、**IRRが3〜6％になるように目標金額を調整**しましょう。

　自分の資産を三次元にとらえると、若くても意外と自分に資産があることがわかりますが、そのことを過大評価することなく、自分の毎月の積立能力を把握することが大切です。

05 資産形成の主流は ゴールベース・アプローチ

POINT

早く資産を増やしたい、お金の不安から解放され
たいなら、ゴールをしっかり定めることが近道に
なります。

資産形成に焦りは禁物

目標金額と目標リターンが明確になると、ようやくゴール
を目指して最適なポートフォリオを組める段階になります。
**目標が数値化されることで、金融商品をどう組み合わせて
いけばいいのか、具体的に考えられる**からです。

具体的なポートフォリオの組み方については、Chapter 3
で詳しく紹介することにします。併せてケーススタディも紹
介しているので、あなたのライフスタイルに近いケースを参
考にすると、自身の資産形成がより現実的なものになってく
ると思います。

これまでもお伝えしてきたように、ポートフォリオは、
ゴールを明確にすると組み立てやすくなります。このゴール
から逆算して目標を達成するための具体策を考えていく手法
を、ゴールベース・アプローチ（GBA）といいます。

目標を決めないままに資産運用をはじめると、お金を1円
でも多く増やさないといけないとか、資産をとにかく増やせ

るだけ増やしたいとか、目の前のお金の動きにとらわれがち
になります。

　それが、とにかく儲かりそうな商品に投資しよう、リスク
の高い商品に賭けてみようといった歪んだ投資判断を生み出
すことにつながります。

　資産形成に焦りは禁物です。

　現状を把握し、そこから想定できる最終地点が自分のイ
メージする将来とズレがなく、かつ金融市場的に無理なく堅
実に達成できそうな目標であれば、現在地とゴールを線で結
ぶことで最適なポートフォリオを構築できます。

　そのために、自分の目で見てわかるように、今の資産の状
況やゴールを数値化することが必要なのです。

　人間は頭の中だけで考えているよりも、見てわかるレベル
にまで落とし込むと、心に余裕が生まれます。そして視覚化
することで、自分が想像しているよりもハードルが高くない
ことがわかると、間違った判断を下す確率もぐっと下がりま
す。

　ビジネスでは野心があるほうが上手くいくこともあるで
しょうが、**資産形成においては、野心を持って上手くいくこ
とはほぼないと思ってください。**

　繰り返しますが、リターンとリスクは表裏一体です。リス
クあってのリターン。期待するリターンが過度に高いポート
フォリオを構築すると、その分資産を失うリスクも高くなる
のです。自分で稼いだ大切なお金を台無しにしないためにも、

自分にとって最適な落としどころを見つけるためにも、しっかりとゴールを設定してから資産形成をはじめるようにしましょう。

GBAイメージ

1 目標を決める

何年後？

リスク3%
3000万円

リスク6%
5000万円

いつまでに
いくらほしいか？

2 金融商品を選ぶ（ポートフォリオを構築する）

どれに
しようか？

株　ETF　REIT　国債

3 運用する

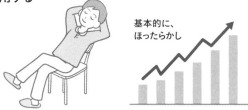

基本的に、
ほったらかし

06 ポートフォリオは2～3年に1回再評価すればいい

POINT

ポートフォリオの定期的な再評価は、目標達成に確実に近づくためのルーティンと考えてください。

資産の成長に凸凹があるのは当たり前

ポートフォリオは、一度構築したらそのままでいいというわけではありません。

2～3年に1回再評価することをおすすめします。

私は、この定期的な再評価は、資産形成を成功させるためのルーティンだと考えています。

なぜなら、**資産運用は良い意味でも悪い意味でも、思い描いたとおりの軌道はたどらないのがふつう**だからです。

投資している金融商品の価値が上がったり、下がったりするのはよくあることです。

例えば、日本経済、世界経済にインパクトを与える出来事があると、当初構築したポートフォリオの価値は大きく下がることもあれば、大きく上がることもあります。

仮に、目標をIRR3％と堅実な数値に設定していたとしても、市場がネガティブに（下降ぎみに）反応すれば3％を下回

株価が変動する要因

個別の要因	経済的要因
企業業績、財務内容、株式分割など	景気、金利、為替など

株価変動

市場の要因	経済外的要因
投資家の売買動向、市場の取引規制など	政策、社会情勢、自然災害など

ることもあるし、逆にポジティブに(上昇ぎみに)反応すれば3%を上回ることもあります。

　バブル崩壊、リーマンショック、東日本大震災、直近では新型コロナウイルスのパンデミック、ロシアのウクライナ侵攻など、日本や世界の経済を揺るがすような予期せぬ出来事が起きると、金融市場は大きく反応します。

　金融商品の1つである株式を例にとっても、株価を動かす要因はさまざまです。

　景気や金利、為替などの経済的要因、政策や社会情勢といった経済外的要因などの市場の要因で株価が動くこともあれば、企業の業績や株式分割などの個別の要因で動くこともあります。

　ただし、短期的な資産価値の変動に一喜一憂してちょこ

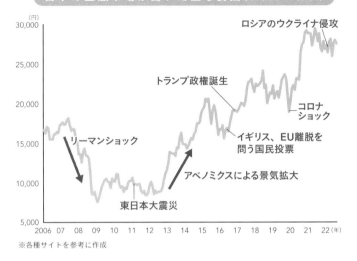

（円）
30,000

ロシアのウクライナ侵攻

25,000

トランプ政権誕生

20,000

コロナ
ショック

15,000

リーマンショック

イギリス、EU離脱を
問う国民投票

アベノミクスによる景気拡大

10,000

東日本大震災

5,000
2006 07 08 09 10 11 12 13 14 15 16 17 18 19 20 21 22（年）

※各種サイトを参考に作成

ちょこポートフォリオの構成を見直すのは賢明ではありません。先ほどから繰り返し、"現在地とゴールを線で結ぶ"ことが最適なポートフォリオ構築の出発点だと説明していますが、金融市場は生き物ですから、まずもってその線に沿って収益が積み上がることはあり得ません。

　ある程度の浮き沈みには目をつぶり、**よほど想定し得なかったような市場の極端な変化がない限りは、資産価値の変動を理由としたポートフォリオの大胆な見直しは避けるべき**でしょう。

　定期的な再評価が必要となる、より大きな理由は、自分の置かれている環境が大きく変わることがあるからです。会社の業績悪化や配置転換で収入が減るかもしれませんし、逆に転職や昇進で収入が増えるかもしれません。

また、結婚したとか、子どもが生まれたとか、親の面倒を見なければいけなくなったとか、プライベートでの環境変化もあるでしょう。それによって、月々のキャッシュフローも大きく影響を受け、現在地点の把握、ないしは目標地点も修正する必要が出てくるかもしれません。

　このように、ポートフォリオの再構築が必要になるのは、**金融市場の動向**（＝マーケットサイクルの変化）よりも、むしろ**自分の環境の変化**（＝ライフサイクルの変化）が理由になることが多いのです。

　55ページに紹介した世界の株式や債券の収益率の推移からわかるように、長期運用の視点に立てば、いったん価値が下がったとしても、時間をかけると戻り、やがて上がっていきます。

　金融市場が大きく動いたり、自分の環境が変化したりすると、すぐにでもポートフォリオを見直すべきではと考える人もいるかと思いますが、**再評価は２〜３年に１回ぐらいのタイミングで、ざっくり調整をかけていけばそれで十分**です。ポートフォリオの再構築を前提にすることもありません。

　それよりも、再評価で目標達成に少しずつ近づいていることを実感してください。２〜３年も経てば、資産は着実に増えているはずです。それを確認するだけでも、お金の不安から解放されている自分に気づけるはずです。

07 | 資産形成に意志力は不要

> **POINT**
>
> 長期にわたる資産形成に意志力は必要ありません。強い意志が求められるのは、はじめるかどうかの決断のときだけです。

資産運用の多くは自動化できる

「資産形成ははじめるのもたいへんだけど、続けるのはもっとたいへん」

　そう思っている人もいるようですが、**資産形成は、強い意志がなければ継続できないものではありません。**

　ここまで解説してきたように、資産形成をはじめるには、まず自分の資産を三次元で把握する、次に目標を設定する、そして、目標達成のためのポートフォリオを構築するという準備が必要になります。しかし、たいへんなのはここまで。

　あとは、実行するかどうか。意志力が求められるのは、この決断のときだけといっていいでしょう。

　志望校合格を目指す受験勉強や資格取得を目指す試験勉強のように、強い意志力がなければ続けられないというものではないのです。

　資産形成に意志力が不要なのは、**資産運用の多くは自動化できる**からです。国が推奨する投資制度である「iDeCo（個

人型確定拠出年金）」や「つみたてNISA」（詳細は175、182ページで紹介）、さらには貯蓄型の終身保険などのように毎月定額を積み立てる商品の場合は、契約が完了するとあとは推移を見守るだけ。何もすることはありません。自動的に口座から拠出金が引き落とされ、自動的に運用されます。また、株式や投資信託、債券などに投資するにしても、不動産投資にしても、契約が完了すると、あとは長い目で資産が増えるのを待つだけ。やはり、何もすることはありません。

　さらにいうと、ネット証券などでは、投信積立のような毎月積み立てサービスを提供しており、iDeCoやつみたてNISAのような仕組みを使うまでもなく、少額から自動的に投資を継続することが可能になっています。

　もちろん株式や投資信託、不動産などは、短期での売買で利益を得ることも可能ですが、長期運用を前提にポートフォリオを組んでいるわけですから、短期での売買は戦略そのものが変わってくることになります。

　資産運用に、日々の金融市場を見ながらこまめに運用していくイメージがあるとしたら、忘れてください。**はじめてしまえば、資産形成のために日々時間をとられることはありません**。あとは、2〜3年に1回状況を確認し、見直しが必要ならポートフォリオを再構築（といっても微調整で済むことがほとんど）するだけになります。

　資産形成とは、結局、やるかやらないかだけなのです。そして、やるならできるだけ早くはじめることです。

　早ければ早いほど時間を味方につけることができるし、お金の不安からも早い段階で解放されます。

08 頭と時間に余力ができ、好循環が生まれる

POINT

将来のお金のことをあれこれ考えるのは、単なる時間のロス。資産形成をはじめると、頭に余力が生まれます。

資産形成で仕事のパフォーマンスアップ

　資産形成のために頭を使うのは、ポートフォリオを構築するまで、それから、2 〜 3年に1回再評価するときだけになります。

　極論すると、それ以外のときは、将来のお金のことについてあれこれ考えることはありません。運用をはじめてしまえば、金融市場を自分で動かすことはできないのですから、くよくよ考えるだけムダです。

　もちろん、市場の動きは日々のニュースで流れてくるため、まったく無視するのは無理でしょうが、長期で運用するのですから、日々の動きを気にしていても仕方がありません。「最近は上がっているんだね」「ちょっと下がりぎみなんだ」くらいにとどめておくことです。

　資産形成をはじめることで少しずつお金の不安から解放されるのは、お金のことを考える時間が少なくなるというのもひとつの理由です。はじめてしまえば、あとはそのことで悩む必要はありませんからね。

ネガティブな情報を集めたがる人間の脳は、不安なことを考え出すと、それに関連する情報を拾いがちになります。そして、不安は雪だるま式に大きくなります。もしかすると、今あなたがイメージしているお金の不安は、そうやってつくられたものなのかもしれません。

　しかし、資産運用をはじめると、お金のことを考える時間が格段に少なくなります。その分頭に余力ができて、ほかのことに頭を使えるようになります。

　ケンブリッジ大学のバーバラ・サハキアン教授の研究によると、**人間は1日に3万5000回もの決断を下している**そうです。何を食べるか、何を着るか、何を持つかなど、朝から夜寝るまで、無意識レベルも含めて、それだけ頭を使っているということです。

　これまでお金のことで悩んでいたとしたら、相当な時間を費やしてお金のことに頭を使っていたということです。資産運用をはじめると、その必要はなくなります。

　その分、お金のことではなく、仕事のことに頭を使いましょう。余力があれば集中力も高まるし、判断力も冴えてきます。それだけ、仕事のパフォーマンスが向上するはずです。

　考えているだけでは何も解決しないお金のことに何時間も頭を使うのは、単なる時間のロス。

　仕事のパフォーマンスが上がれば、収入アップにつながるかもしれません。そうなると、資産形成のシナリオがもっとラクになります。リスクを下げることもできるし、目標地点を引き上げることも可能になります。

09 | 経済がわかると さらにお金が稼げる

POINT

金融市場に投資すると、おのずと経済の動きを注視するようになります。それが自分の仕事のパフォーマンスアップにつながります。

 金融市場の動向が経済を学ぶ入り口に

資産形成をはじめると、頭に余力が生まれるだけでなく、経済のことがわかるようにもなります。それが仕事のパフォーマンスアップにつながれば、さらに収入アップを実現できるかもしれません。

自分が投資した金融市場の動向は、日々のニュースで流れてきます。値動きに一喜一憂することはありませんが、市場が動く理由を考えることは、自分にとって決してマイナスではありません。

なぜなら、**自分が投資した金融商品を通して、経済の動きがよくわかるようになる**からです。

例えば、投資信託の商品の1つにインデックスファンドがあります。

インデックスファンドとは、日経平均株価やTOPIX、NYダウなどの株価指数や債券指数、REIT（不動産投資信託）指数などの動きに連動して値動きする商品で、指数が上昇すれば

値上がりし、下降すれば値下がりします。

　インデックスファンドに投資すると、日々の指数の動きには敏感になるでしょうし、どうして上昇しているのか、また下降しているのか、その原因となっている経済の動きにまで意識を向けられるようになります。

　円高や円安が原因だとしたら、その背景について勉強するかもしれません。

　例えば、ある企業の株式を購入していたとしたら、株主や投資家向けに公開されている財務状況や経営状態に関する情報を見るようになることもあるでしょう（もっとも、あまりに意識を振り向け過ぎて時間を使い過ぎるようになると、それは本末転倒ですので、ほどほどに……）。

資産形成をはじめると気になる経済指標のいろいろ

経済指標	公表機関	何がわかる？
GDP（国内総生産）	内閣府	その国の景気動向を把握できる
景気動向指数	内閣府	景気が上向きか下向きかわかる
マネーストック	日本銀行	景気の転換点がわかる
失業率	総務省統計局	景気が拡大傾向にあるか、縮小傾向にあるかわかる
消費者物価指数	総務省統計局	物価の変動を把握できる
国際収支	財務省	国際経済の動向を把握できる
政策金利	日本銀行	金利の高低で景気動向がわかる
日銀短観	日本銀行	景気動向の予測ができる
日経平均株価	日本経済新聞社	日本の景気動向がわかる

資産運用をはじめることで、こうした経済動向を注視したり、企業のことを深掘りしたりすることが習慣になると、ビジネスの知識が蓄積されていくだけでなく、自分のビジネスのアイデアにつながることもあります。

　結果、仕事のパフォーマンスが向上し、収入アップにつながれば、資産形成はさらにらくになります。

　こうした**自分の仕事以外にも目を向け、勉強できる余裕が生まれるのも、お金以外のことに頭を使えるようになることの間接的なメリット**です。

　お金のことをあれこれ考えているときより、お金以外のことに頭を使っているほうが、結果的にお金を作る能力が高くなるとは、面白いですよね。

　そのためにも、今抱えているお金の不安からできるだけ早く解放されることです。

　Chapter 3では、実際に資産形成に取り組みはじめられるように、具体的なポートフォリオの組み方をケーススタディを通して解説していくことにしましょう。

Chapter 3
お金の不安を解消する
ハック大学式
ポートフォリオの組み方

01 | ポートフォリオを構築する 4つのステップ①

POINT

先々のキャッシュフローが描けさえすれば、誰にでも自分に最適なポートフォリオを構築できるようになります。

 ポートフォリオ構築の4つのステップ

　将来のお金の不安を解消するために資産形成をはじめるには、まず自分のお金（資産）の現状を正しく把握すること、そして目標を設定することです。スタート地点が明確になれば、あとはゴール地点までの道のりを描き、実行するだけです。その道のりがポートフォリオの構築になります。

　Chapter 3では、具体的にポートフォリオを構築してみましょう。前半は基本的な構築手順の解説、後半は自分に合ったポートフォリオ構築のために知っておきたいことをケーススタディで紹介します。参考にしながら、オリジナルのポートフォリオを構築してみてください。

　それでは、ポートフォリオ構築の手順からはじめましょう。Chapter 1、Chapter 2の内容を改めて整理すると、ポートフォリオ構築の流れは下記になります。

① バランスシートを作成する
② 先々のキャッシュフローを描く

③ 目標を設定し、目標IRRを算出する

④ ポートフォリオを構築する

バランスシートを作成する

　まず、自分のお金の現状を知るために、バランスシートを
作成します。現金、預貯金はもちろんのこと、自分が持って
いる資産はすべて洗い出し、自分のお金の実力を把握します。

　バランスシートを作成すると、自分がどれくらい資産を
持っているか把握できます。

　この時点で整理しておきたいことは、DC、iDeCo、持株

● バランスシート

資産			負債		
	現金	**50**万円		住宅ローン	**3,000**万円
	普通預金	**300**万円		自動車ローン	**150**万円
	定期預金	**200**万円		カードローン	**0**万円
	株式	**100**万円		投資用不動産ローン	**50**万円
	債券	**50**万円		返済前奨学金	**100**万円
	投資信託	**50**万円		その他	**0**万円
	居住用不動産	**3,500**万円		小　計	**3,300**万円
	投資用不動産	**0**万円			
	貯蓄性保険	**50**万円			
	財形貯蓄	**50**万円		純資産	**1,250**万円
	DC／iDeCo	**0**万円			
	自動車	**200**万円			
	その他、換金性の高い動産	**0**万円			
	合　計	**4,550**万円		合　計	**4,550**万円

会など、すでに資産形成を目的として積み立てた資産がどれくらいあるか、そして、現金、預貯金がどれくらいあるか。

資産形成を目的として積み立てた資産がある場合は、60歳まで積み立てたと仮定して（DC、iDeCoは60歳まで引き出せないため自動継続になりますが）どのくらいの資産になるか算出しておきましょう。インターネットやスマホアプリのシミュレーションソフトを利用すると、ざっくりした資産額を算出することができます。

現金、預貯金がある場合は、そのうちどれくらいをすぐに投資にまわせるか考えてみましょう。20代前半の人はほとんどその余裕がないかもしれませんし、30代の人は数百万円を投資にまわせる余力があるかもしれません。

仮にPさんという人は、今すぐに投資にまわせるお金が200万円あるという想定にもとづいて話を進めます。

先々のキャッシュフローを描く

次に先々のキャッシュフローを描きます。Chapter 1で解説したように、20年後、30年後の資産を作るのは、先々のキャッシュフローです。自分のライフプランと照らし合わせながら、じっくり考えてみましょう。

先々のキャッシュフローを描いて確認するのは、資産形成のために毎年どれくらいのお金を使えるのか。**年間の拠出金額は、ポートフォリオを構築する上での最重要ポイント**です。

毎年同じ拠出金額を20年、30年と続けられるとは限りません。増やせる時期もあれば、抑えなければいけない時期も

あるでしょう。自分のライフスタイル、ライフプランを加味して、無理のない範囲で設定してください。

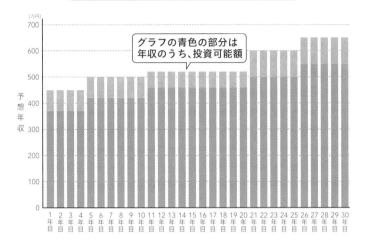

Pさんのキャッシュフロー（イメージ）

（万円）

グラフの青色の部分は
年収のうち、投資可能額

予想年収

先ほどのPさんは、1年目から10年目までは年間80万円、11年目から20年目までは年間60万円、21年目から30年目までは年間100万円を拠出できるということにしましょう。

目標金額を設定し、目標IRRを算出する

今すぐに拠出できるお金、これから毎年拠出できるお金を確認できたら、目標金額を設定し、目標IRRを算出します。この段階で、**すでに資産形成のための資産を持っていた人は、目標金額から長期積み立てによって得られる予定の資産額を差し引きます**。

例えば、目標金額が5,000万円で、DCにより形成することが可能な資産額が1,000万円の場合、追加で必要な資産は5,000万円−1,000万円＝4,000万円。つまり、この場合は、今すぐに拠出できるお金とこれから拠出していくお金を使って、4,000万円を作ることが目標になります。これから算出するIRRも、この資産を作るためのIRRとなります。

　IRRの算出は難しくありません。Chapter 2の71ページで紹介したエクセル表に、初期投資金額（すぐに拠出できるお金）、各年度の拠出金額、最終年度に目標金額を入力すると、IRRが算出できます。

　Pさんの場合だと、目標IRRは下記になります。

Pさんの算出例

	A	B
1	初期投資金額	-200
2	1年目	-80
3	2年目	-80
4	3年目	-80
5	4年目	-80
6	5年目	-80
7	6年目	-80
8	7年目	-80
9	8年目	-80
10	9年目	-80
11	10年目	-80
12	11年目	-60
13	12年目	-60
14	13年目	-60
15	14年目	-60
16	15年目	-60
17	16年目	-60
18	17年目	-60
19	18年目	-60
20	19年目	-60
21	20年目	-60
22	21年目	-100
23	22年目	-100
24	23年目	-100
25	24年目	-100
26	25年目	-100
27	26年目	-100
28	27年目	-100
29	28年目	-100
30	29年目	-100
31	30年目（目標金額）	4000
32	IRR	2.84%

今すぐ拠出できるお金200万円

目標とする資産5,000万円からDCによる資産額を引いた4,000万円を作るという想定で算出

IRR＝2.84％

02 | ポートフォリオを構築する 4つのステップ②

POINT

ポートフォリオを組むときは、金融商品の期待リターンの目安を参考に、「足し算」と「掛け算」で算出しましょう。

ポートフォリオを構築する

　目標IRRを算出できたら、いよいよポートフォリオの構築です。各金融商品の期待リターンをもとに、目標IRRの数値になるように、いくつかの金融商品を組み合わせていきます。本書では、下記の期待リターンをもとにポートフォリオを組んでいくことにしましょう。

日本株式	5.0%
外国株式(先進国株式)	6.0%
外国株式(新興国株式)	8.0%
日本国債	1.0%
先進国国債	3.0%
新興国国債	5.0%
先進国社債	4.5%
新興国社債	6.0%
グローバルREIT	5.0%
金(ゴールド)	3.5%

※これらの期待リターンの値は、国・地域ごとの経済成長率予想やインフレ予想などといったマクロな統計データを踏まえた上で、株式であれば企業の長期的な売上高成長率や平均配当利回り、利益率の変化等の変数を、債券であれば、予想最終利回りやロールダウン効果、イールド・スプレッド等の変数を加味し、ハック大学が独自に予想、算出したものです。実際にこれらの資産への投資から得られるリターンは、上記期待リターンの値から大幅に乖離する場合があります。

目標IRRの数値になるように金融商品を組み合わせるとは、こういうことです。

投資にまわせるお金を100とし、例えば、85を外国株式（先進国株式）に投資、15を現金で保有する（お金が増えることはないので期待リターンは0％）という構成なら、

$$6.0\% \times 0.85 = 5.1\%$$

50を先進国国債、50を日本株式という構成なら、

$$3.0\% \times 0.5 + 5.0\% \times 0.5 = 4.0\%$$

50を日本国債、30を先進国国債、20を日本株式なら、

$$1.0\% \times 0.5 + 3.0\% \times 0.3 + 5.0\% \times 0.2 = 2.4\%$$

となります。

※上記計算式の青文字は各金融商品の期待リターンとなります。

目標とするIRRが高ければリスクの高い（期待リターンが高い）商品が多い構成になるし、低ければリスクの低い商品を中心とした構成になるということです。

それでは、目標IRRが2.84％と算出されたPさんのポートフォリオを具体的に組んでみましょう。

ここで注意点を1ついっておくと、2.84％ピッタリにする必要はないということです。

Pさんの場合なら、3％ぐらいが目安になります。そもそも期待リターンは予測であって、投資から得られるリターンが必ず約束されているわけではありません。上振れすることもあれば、下振れすることもあります。

IRR3％を目標とすると、例えば、次のようなポートフォリオになります。

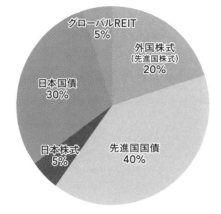

IRR3％のモデルポートフォリオ

グローバルREIT
5％

外国株式
（先進国株式）
20％

日本国債
30％

日本株式
5％

先進国国債
40％

Pさんが目標金額をもっと高く設定し、**目標IRRが5％**に
なると、下記のようなポートフォリオになります。

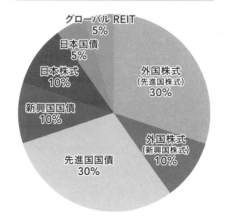

IRR5％のモデルポートフォリオ

グローバルREIT
5％

日本国債
5％

日本株式
10％

新興国国債
10％

外国株式
（先進国株式）
30％

外国株式
（新興国株式）
10％

先進国国債
30％

Pさんが目標金額をさらに高く設定し、**目標IRRが6〜7%**になると、下記のようなポートフォリオになります。

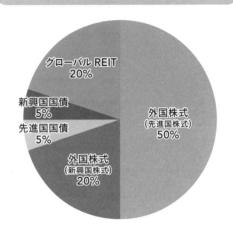

IRR6〜7%のモデルポートフォリオ

グローバルREIT
20%

新興国国債
5%

先進国国債
5%

外国株式
（新興国株式）
20%

外国株式
（先進国株式）
50%

ポートフォリオ構築2つのセオリー

　IRR3%、5%、6〜7%のモデルポートフォリオを紹介しましたが、あくまでも私からの提案例で、ポートフォリオはこう組みなさいというわけではありません。金融商品の組み合わせ方は自由ですし、無数に考えられます。もちろん、「自分で考えるのはめんどうだ」という人は参考にしていただいてもかまいません。

　いずれにせよ、効率よく資産を作るためのポートフォリオ構築には押さえておきたいポイントが2つあります。

　1つは、**国際分散投資を基本とする**ことです。

投資がはじめての人や投資経験が少ないと、投資対象が日本株式や日本国債といった身近な商品に偏りがちですが、外国株式、先進国国債、新興国国債などをバランスよく組み合わせるようにしましょう。

同じ期待リターン、例えば5.0％の日本株式と新興国国債でどちらに投資するか迷ったときは好みで選んでかまいませんが、外国株式を持っているなら日本株式を、日本国債を持っているなら新興国国債を組み合わせるほうがいいでしょう。ちなみに、どちらを選んでも、長期運用なら結果が大きく変わることはありません（もちろん絶対とはいえませんが）。

もう１つは、**目標IRRに沿った商品を選ぶ**ことです。

目標IRRが低い場合は、期待リターンが高い商品を無理に組み入れることはありません。日本国債などの安全資産（最大損失が小さいと考えられる資産）を中心に組み合わせるようにしましょう。

私が提案した**IRR3％のモデルポートフォリオでは、7割が期待リターンの低い日本国債と先進国国債という構成**になります。

逆に**目標IRRが高くなると、積極的にリスクを取る必要があるため期待リターンの高い商品の構成割合が大きくなります**。IRRが５％や６〜７％のモデルポートフォリオを見るとわかるように、目標IRRが高くなるにつれて、日本国債→先進国国債→先進国株式→新興国株式、債券から株式へ、先進国から新興国へと、ポートフォリオの構成内容が安全資産からリスク資産中心へシフトしていくことになります。

CASE 01 | IT系企業に勤める 年収高めのAさん

POINT
❶ お金の使い方は手取り金額で考える
❷ 予算はボーナスも含めた手取り年収12分割で
❸ 先々のキャッシュフローは超堅実に

Aさん

- 28歳　□男性　☑女性　●独身
- 年収 600万円　●預貯金 0円　●賃貸住宅

●Aさんのバランスシート

資産		負債	
現金	10万円	住宅ローン	0万円
普通預金	0万円	自動車ローン	0万円
定期預金	0万円	カードローン	0万円
株式	0万円	投資用不動産ローン	0万円
債券	0万円	返済前奨学金	0万円
投資信託	0万円	その他	0万円
居住用不動産	0万円	小 計	0万円
投資用不動産	0万円		
貯蓄性保険	60万円		
財形貯蓄	60万円	純資産	130万円
DC／iDeCo	0万円		
自動車	0万円		
その他、換金性の高い動産	0万円		
合 計	130万円	合 計	130万円

　ではここからは、ポートフォリオを組む際に気をつけておきたいポイントをケース別に見ていくことにしましょう。それぞれ個別のケースではありますが、みなさんが資産形成を考える上で重要なポイントに焦点をあて、紹介していますので、参考にしていただけたらと思います。

　まずはIT系の企業に勤めるＡさんです。入社6年目のＡさんの年収は税込みで600万円。28歳の平均年収は400万円前後ですから、かなり高所得といえます。

　Ａさんはこれから資産形成をはじめたいと考えているようですが、その前にファイナンシャルプランナー的な立場からアドバイスしなければならないことがあります。

　それは、お金の使い方です。

　資産形成をするには、毎月一定額の拠出金が必要になります。しかし、Ａさんの場合は、高所得であるにもかかわらず預貯金は0円。これは、ちょっとお金の使い方に問題あり。ここを見直さないと、ポートフォリオを組んだとしても絵に描いた餅になりかねません。

　預貯金0円とは、入ってきたお金をすべて使ってしまっているということです。このタイプの人は、**自分の稼ぐ力を見誤っている可能性があります**。「いやいや、自分にどれくらい収入があるかはわかっています」。そんな返答が聞こえてきそうですが、ここでいう**「稼ぐ力」とは、「手取りがいくらか」ということです**。

年収600万円であれば、自治体や加入している健康保険組合によって住民税や健康保険料の違いはありますが、手取り金額だと460万円くらいになると思われます。

　使えるお金は600万円ではなく、460万円なのです。 ここを勘違いすると、お金の使い方が大きく変わってきます。

　ある程度の収入がありながら月末になると口座にお金が残っていない人は、生活を手取り金額で組み立てていない可能性を疑ってください。

　特に勘違いしやすいのが、年収が増えたとき。「昨年より年収が100万円増えた」といって、100万円分生活水準を上げられると勘違いする人がよくいますが、これは大きな間違いです。**住民税の増加タイミングに1年ラグがある**（つまり、最終的に手取り金額の実力が明らかになるのは1年後）ということもこの勘違いの要因の1つですが、あくまでも実効税率を差し引いた想定手取り金額で自分の稼ぐ力を測るようにしましょう。なお、翌年以降の住民税増額分も加味した手取り金額の実力がどの程度になるかは、ネット上で入手できるシミュレーション・ツールなどを活用して簡単にはじき出すことができます。

　また、**「家賃は収入の3割まで」といわれますが、これも手取り金額の3割と考えるのが基本。** 額面金額の3割と考えると、それだけでお金が残らない原因になります。

　家賃は、持ち家の借入金負担（ローンの返済）と違って資産にはなりません。できるだけ家賃は抑える。資産形成を考える上では大事なことです。

額面金額と手取り金額（サンプル）

支　給		控　除	
基本給	480,000円	健康保険	24,525円
交通費	20,000円	厚生年金	45,750円
–	–	雇用保険	1,500円
–	–	所得税	17,025円
–	–	住民税	25,983円
総支給額	500,000円	控除額合計	114,783円
手取り金額			385,217円

※上記はあくまでも一例で居住地や年齢、家族構成などにより、控除金額は変わってくる。

POINT②
予算はボーナスも含めた手取り年収12分割で

　生活を手取り金額で組み立てていない人は、ボーナスに関しても場当たり的な使い方をしているのではないでしょうか。「臨時収入だから、すべて使ってもいい」という感覚です。

　たしかにボーナス月は、いつもの月より大きな金額が入金されるため、気持ちが大きくなるのはわかります。しかし、資産形成をはじめるなら、ボーナスは臨時収入ではなく、年収の一部と考えるようにしましょう。

ボーナスは12で割って、毎月の収入に加算する。

　その加算額は、もちろん手取り金額の12分割です。

つまり、1カ月で使えるお金は、「**毎月の手取り金額＋ボーナスの手取り金額の12分の1**」。それが生活のためのお金となり、その一部が資産形成のために拠出するお金の源泉になります。

　Aさんの場合なら、年収の手取り金額は約460万円ですから、毎月約38万円が使えるお金になります。家賃を3割とすると11万〜12万円。残りは26万〜27万円。
　この金額を20代の独身の人が使い切るのは、光熱費や通信費などが毎月確実にかかるとしても、なかなかたいへんです。
　Aさんに預貯金がないのは、家賃が高過ぎるか、趣味や遊びに使い過ぎているか。Aさんに関しては、ポートフォリオを構築する以前に、まず、資金使途の見直しから着手する必要がありそうです。
　Aさんの場合、使えるお金は毎月26万〜27万円です。
　私の感覚にはなりますが、飲食費や外食費、趣味や娯楽に使ったとしても、ひと月の生活費は15万円くらいに収まるのではないでしょうか。
　残りの12万円くらいは、本来なら貯蓄や投資にまわせるお金ということになります。

　12万円のうち何万円を貯蓄にまわすか、何万円を投資にまわすか。
　毎月のお金を使い切っていたAさんに、いきなり15万円の生活は難しいでしょうから、私なら、現行の家賃や日々の

消費行動の見直しを行った上で、月8万円程度を貯蓄あるいは投資に分散しながらポートフォリオの構築を開始する提案をすることになるでしょう。

POINT③
先々のキャッシュフローは超堅実に

それでは、Aさんの具体的なポートフォリオを構築していきましょう。

まず、月々どれくらいのお金を拠出できるか。

バランスシートを三次元でとらえるために、先々のキャッシュフローを思い描いてください。キャッシュフローというのは、将来的に貯蓄や投資にまわすことが可能な金額（稼ぐお金から消費するお金を引いたもの）であり、それを積み上げていく作業になります。

当面、月8万円のキャッシュフローが継続するかもしれませんし、緩やかに金額が大きくなっていくかもしれません。ここで気をつけなければいけないのは、**先々のわからない部分はいったん無視して、今の延長線上で考える**、ということです。

また、公務員や大企業に勤めている人のように、今後数年から数十年にわたってある程度の増収パスが予測できる場合には、今後の増収分を将来の予測キャッシュフローに織り込むといいでしょう。

ただし、その増収予測の確実性は、みなさんが勤めている企業や、置かれている立場によってまちまちです。

PART
1
CHAP
3
お金の不安を解消するハック大学式ポートフォリオの組み方

公務員や長い歴史のある大企業、公益企業（電力会社、ガス会社など）であれば、今の給与テーブルが維持される可能性が高いと考えられる一方、歴史の短い企業やIT企業などでは、年配のロールモデルも少なく、先を見通すのが相対的に難しいといえます。

「では自分の場合はどうすればよいのか」、とつまずいてしまう人もいるでしょう。その場合は、繰り返しになりますが、今の延長線上、したがって現状をベースに考えることにしてください。
　今みなさんが働いている会社、手がけている事業の安定性や成長性、リスクについて、一番理解しているのもみなさん自身です。

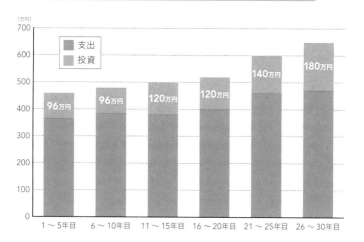

Aさんの先々のキャッシュフロー（イメージ）

今後の増収を一定程度織り込むのか、むしろリスクを考えて今よりも少ない数字を前提に保守的なキャッシュフローを描くのか。みなさん自身が評価して適切な数字を置くのがよいでしょう。

　また、今の延長線上で考えるというのは、ライフサイクルについても同様です。

　先々のことは誰にもわかりません。例えば年収が増えたとしても、結婚したり、家族が増えたりすると、それだけ支出も増えます。

　人生を変えるような出来事と遭遇して、転職や退職を決断するかもしれません。

　それらの不確実な未来を1つひとつシナリオに織り込もうとしても到底現実的ではありませんし、かえって思い悩み過ぎることで資産形成に向けた一歩を踏み出すことを躊躇してしまうかもしれません。

　くどいようですが、先々のキャッシュフローは、**現状をベースに考える**。ポートフォリオを2〜3年に一回見直すのは、そうした変化に対応するためでもあります。

CASE 02 社会人4年目で資産形成まで余裕がないと考えるBさん

POINT
1. 余裕がなくても DC、iDeCo だけははじめる
2. お金がある、ないはバランスシートで判断
3. 無知ほどもったいないことはない

Aさん

- 26歳　☑男性　□女性　●独身
- 年収 350万円　●預貯金 0円　●賃貸住宅

● Bさんのバランスシート

資産		負債	
現金	10万円	住宅ローン	0万円
普通預金	0万円	自動車ローン	0万円
定期預金	0万円	カードローン	0万円
株式	0万円	投資用不動産ローン	0万円
債券	0万円	返済前奨学金	0万円
投資信託	100万円	その他	0万円
居住用不動産	0万円	小 計	0万円
投資用不動産	0万円		
貯蓄性保険	0万円		
財形貯蓄	0万円	純資産	110万円
DC / iDeCo	0万円		
自動車	0万円		
その他、換金性の高い動産	0万円		
合 計	110万円	合 計	110万円

POINT①
余裕がなくてもDC、iDeCoだけははじめる

Bさんは、Aさんと比べると収入は少なく、20代として平均的な年収水準となります。年収350万円だと手取り金額は280万円、月に使えるお金は23万〜24万円くらいになるでしょうか。

家賃は8万〜9万円と考えると、残りは15万円くらい。Aさんのように資産形成のために十分なお金を捻出するのは、少し難しいかもしれません。

それでも、資産形成をはじめたいと考えるなら、Bさんにはすぐにでもはじめてほしいことがあります。

それは確定拠出年金（DC）です。

勤めている会社が確定拠出年金制度を導入しているなら会社が拠出する掛金に加えて、加入者本人が掛金を上乗せして拠出するマッチング拠出を、導入していないなら個人型確定拠出型年金（iDeCo）をはじめましょう。なぜなら、**DCのマッチング拠出額やiDeCoへの拠出額は全額、課税対象所得から差し引かれる**からです。その分、年間の所得税を減らす、つまり**手取り金額を増やすことができる**のです。

DC、iDeCoの詳細はChapter 5の182ページで解説しますが、DC、iDeCoは、原則的に60歳まで資金を引き出すことができません。

つまり、26歳のBさんなら、30年を超える長期にわたって積み立てを続ける仕組みだということです。

今は拠出できる額は少ないかもしれませんが、長期で積み立てると、それなりに大きな金額になります。

　例えば、月5,000円を拠出したとします。26歳から60歳まで34年間複利運用すると、年利3％なら資産は300万円を超えます。Bさんの年収でも、月5,000円の拠出なら可能だと思いませんか？

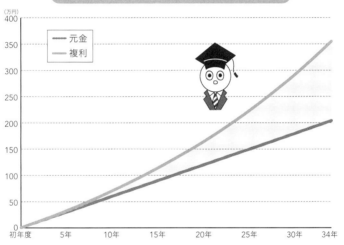

月5,000円の複利（3％）運用イメージ

　DC、iDeCoは、国が推奨している資産形成のための制度です。これほど、安心で安全な方法はありません。リスクを取らずにお金を増やせる制度を国がせっかくバックアップしてくれるのですから、本気で資産形成をしたいなら積極的に活用しましょう。しかも、数千円という少額からスタートできます。経済的に余裕ができたら、拠出金の増額もできます（上限はありますが）。

POINT②
お金がある、ないはバランスシートで判断

DCにしても、iDeCoにしても、はじめると、毎月拠出金が給与から天引きされるか、銀行口座から引き落とされることになります。

いつもあったはずのお金が口座から消える。

使えるお金がなくなる。

資産形成をなかなかはじめられない人には、こうとらえてしまう人が多いようです。

たしかに、引き落とされるとすぐに使えるお金ではなくなりますが、バランスシート上は消えているわけではありません。投資した株式、投資信託の欄の金額が増えることになります。

資産として書き出す項目が変わっただけで、資産が減るわけではないのです。仮に拠出したお金を毎月使ってしまっていたとしたら（それは、"投資"ではなく、"消費"です）、いつまでも資産は増えませんが、DC、iDeCoをはじめると、拠出した分だけ資産が増えていくことになります。

経済的にゆとりがないと、銀行口座から現金が出ていくことをついネガティブにとらえがちですが、あなたのお金がなくなるわけではありません。

それどころか、**長く続けることでお金も貯まるし、節税効果と運用益を得ることもできます。**

貯蓄や投資にまわせるお金が潤沢でなくても、資産形成をあきらめることはありません。まずは、少額でも運用をはじめる。そして、バランスシートで自分の資産を管理する習慣を身につけましょう。

　お金がある、ないは、目先の銀行口座の残高ではなく、バランスシートで判断すること。現金がないとお金がないという感覚から変えていくことです。

POINT③
無知ほどもったいないことはない

　現金がないとお金がないという感覚がある人は、おそらく、DC、iDeCoの節税効果も知らない人が多いのではないでしょうか。

　先ほどお話ししたDC、iDeCoの節税効果についてもう少し詳しく見ていきましょう。

　例えば、Bさんが、DCまたはiDeCoに毎月5,000円拠出したとします。

　Bさんの年収から換算すると、1年間の節税効果は、約9,000円になります。60歳まで運用したとすると、34年間で30万6,000円の節税です。どうして節税になるのかというと、拠出した金額が課税対象所得から差し引かれるからです。1年間で拠出した総額6万円を、仮にメガバンクの定期預金に1年間預けたとします。利息はわずかに、1.2円（税引き前）です。

　節税9,000円（＋投資利益）と利息1.2円。

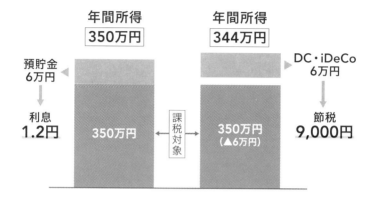

DC、iDeCoの課税金額（イメージ）

年間所得 350万円

年間所得 344万円

預貯金 6万円 ◀

DC・iDeCo 6万円 ▶

利息 1.2円

節税 9,000円

350万円 ←課税対象→ 350万円（▲6万円）

9,000円×34年＝30万6,000円

　どちらを選ぶかは明らかだと思います。また、DC、iDeCoでは、必ずしもリスクを取る必要がありません。「節税効果を取るかわりに、投資で損をしたら元も子もない」と二の足を踏む人がいるかもしれませんが、実際には、DCやiDeCoの口座の中で、定期預金商品を選択することもできます。

　つまり、節税効果の恩恵にだけ与り、定期預金として口座内で保有するということも可能だということです。

　ここがまさに、**"リスクを取らずにお金を増やせる制度"**と説明している所以です。このことを知らずにDCのマッチング拠出やiDeCoへの加入を躊躇している人がいれば、ぜひ再考してみてください。

さて、年間9,000円の節税といわれると、小さく見えるかもしれません。

　ただ、これは、月5,000円の拠出金のBさんの場合です。拠出金が増えるほどにその効果は大きくなります。そもそも6万円で9,000円の節税は、年利15％（ただし、所得税の節税効果が得られるのは拠出初年度のみのため、この数字は初年度のみに適用）の運用と同等です。運用実績としたら満点の結果でしょう。

　さらに、**DC、iDeCoの運用益は税金の対象にならないため、まるまる利益として受け取ることができます。**

　ちなみに、通常の運用益には20.315％（2022年12月末時点）の税金がかかります。

　お金のことがよくわからない。

　そんな理由で、資産形成をはじめたくてもはじめられない人がいるとしたら、そんなもったいない話はありません。私は、制度の無知は本当に残念なことだと考えています。なぜなら調べれば、すぐにわかることですから。

　BさんにおすすめしているDC、iDeCoは国が推奨する制度だけあって、インターネットで調べるといくらでも情報を得られます。

　わかりやすく解説してくれている書籍や動画もすぐに見つかります。

　そんなちょっとした努力もせずに、金融商品でひと儲けし

ようと考えるのは、間違いのもと。資産形成は、まずは確実性の高い投資からはじめるべきです。

お金にどんなに余裕がなくても、DC、iDeCoだけはやるべきなのです。

調べたらすぐにできることをやらないのは……

お金のことは
よくわからない……

余裕がない……

?   ?

ではじめられない人は

単純に損を
しているだけ！

CASE 03　結婚3年目、それぞれ別財布のCさん夫婦

POINT

① 資産形成は世帯収入で考えよう
② 節税効果が得られる投資対象は積極的に
③ 資産形成に使えるお金が少なくなる時期がある

Cさん夫婦

- 30歳（夫）28歳（妻）
- 世帯年収 800万円（夫500万円／妻300万円）
- 預貯金 500万円 ● 賃貸住宅

●Cさん夫婦のバランスシート

資産		負債	
現金	20万円	住宅ローン	0万円
普通預金	300万円	自動車ローン	0万円
定期預金	200万円	カードローン	20万円
株式	40万円	投資用不動産ローン	0万円
債券	30万円	返済前奨学金	150万円
投資信託	200万円	その他	0万円
居住用不動産	0万円	小計	170万円
投資用不動産	0万円		
貯蓄性保険	60万円		
財形貯蓄	0万円	純資産	680万円
DC／iDeCo	0万円		
自動車	0万円		
その他、換金性の高い動産	0万円		
合計	850万円	合計	850万円

POINT①
資産形成は世帯収入で考えよう

　次は結婚して3年になるCさん夫婦です。Cさん（夫）の年収は、30代では平均的な500万円。共働きの妻の年収は300万円。今のところ子どもをもうける予定はないようですが、将来のために資産形成をはじめたいと考えています。

　結婚して一緒に生活している2人が資産形成を計画するときに最初にアドバイスしたいのは、バランスシートの考え方です。**それぞれではなく、世帯全体のバランスシートで考えることが重要**です。

　夫婦2人の収入を合算して世帯収入としてとらえるだけで、お金の実力は大きく変わってきます。そして何より重要なのは、それぞれが最適だと考えて設定した予算計画や資産ポートフォリオを足し合わせても、2人の収入や資産を合算した上で最適化された予算計画や資産ポートフォリオにはならないということです。

　Cさんもそうですが、結婚する時点では、それぞれ働いているケースが多いと思います。要するにお互いに収入があるということです。

　そして、女性の社会進出があたり前となっている昨今、結婚後も仕事を続けるパターンが多いでしょう。Cさんの場合も、妻は結婚後に仕事を続けています。

Cさんの世帯年収は、Cさんの500万円と妻の300万円を合わせて800万円になります。この金額が、資産形成を考えるお金のベース。Cさん単独の500万円とはスケールがまったく違います。

　しかも、**Cさん世帯の800万円と年収800万円の人（または、夫婦どちらか片方が年収800万円を稼ぎ出している世帯）とでは、手取り金額**（使えるお金）**も違ってきます。**

　年収800万円の人の手取り金額は、約595万円。

　一方、Cさん世帯の手取り金額は、年収500万円の手取り金額約390万円＋年収300万円の手取り金額約240万円＝約630万円。

　その差は、約35万円。

　収入の総額が同じでも、Cさん世帯のほうが自由に使えるお金がはるかに多いということです。

　ちなみに、約630万円という手取り年収は、年収850万〜860万円くらいの人の手取り金額に相当します。

　結婚して2人で生活している人は、まず自分の収入だけでなく、パートナーの収入も合わせた世帯収入という視点から自分たちの資産をとらえましょう。

　そして、その合算金額からイメージできる以上にお金の実力があることに気づくことです。それが資産形成のはじまりになります。

年収が同額でも手取り金額が変わる？

		手取り金額
● 年収800万円の人	▶	595万円
● Cさん夫婦の場合		手取り金額
夫…年収500万円	▶	390万円
妻…年収300万円	▶	240万円
	合計手取り金額	**630万円**

Cさん夫婦のほうが
35万円も手取り金額が多くなる

POINT②
節税効果が得られる投資対象は積極的に

　資産形成を世帯全体のバランスシートから考えるという視点に立つと、想像する以上にお金の実力があることに気づけるだけではありません。

　資産形成のために、最低限やるべきこともはっきりしてきます。

　例えば、生命保険です。

　生命保険は、規模は小さいながら節税効果を得られる投資商品の1つです。どんな種類の保険であれ、保険料を払い込めば、その年の課税所得から一定額が差し引かれます（生命保険料控除、詳しくは189ページ参照）。

しかし、**バランスシートを世帯全体で考えるのではなく、夫と妻とで分けて考え、それぞれに保険加入の有無を検討すると、入院保障はともかく、死亡保障は不要という判断になりがち**です。

　というのは、死亡保障は残される人のための支出となるからです。そこにお金を使いたくないという心理がはたらいても不思議ではありません。
　また、「なぜ自分だけが自由に使えるお金を犠牲にしてまで保険に入らないといけないのか」といった漠然とした不公平感も、世帯全体として見たときの資産形成の最適解から遠ざかる一因となるかもしれません。

　でも、先にお伝えしたようにバランスシートを世帯全体で考えると、大きくはありませんが節税効果のある保険料の支出も、非常に有効な選択肢となります。**保険もまた、"リスクを取らずにお金を増やせる"、数少ない武器の1つなのです。**

　必要以上の保障はムダですから、ポートフォリオに占める割合は小さいでしょうが、保険料として支払うお金は、経済的なリターンの観点でも預貯金として持っておくより高くなることがほとんどです。

　また、Bさんのケースで紹介したDCまたはiDeCoへの加入も、最低限やるべきことです。

資産形成を考えるなら、潤沢なお金が拠出できなくても
DC または iDeCo ははじめるべきと解説しましたが、バラン
スシートを世帯全体でとらえると、パートナーの収入が少な
くても DC または iDeCo がはじめられることがわかります。

　Ｃさんの妻の年収は300万円です。手取り金額は約240万
円。独身世帯でこの金額だと、投資にまわせるお金を捻出す
るのは、なかなか厳しい数字です。
　しかし、Ｃさんの手取り金額で生活費をフォローできると
考えれば、DC または iDeCo をはじめるのは十分に可能だと
いえます。
　**年収800万円の手取り金額と比較したときに、余力とし
てはじき出された35万円をそのまま拠出する**というのもい
いでしょう。
　仮に月３万円を年利３％で30年間複利運用したとすると、
1,700万円以上の資産を妻の口座だけで作ることができます。

　**共通の口座に一定額のお金をお互いに入れて家計を運営し
ている家庭もありますが、家族の将来のための資産形成とい
う意味ではとても非効率**です。
　資産形成においては、お互いの資産を洗い出して共有し、
より大局的な視点でどうするかを考えるべきです。

POINT③
資産形成に使えるお金が少なくなる時期がある

　バランスシートを世帯全体でとらえるときに気をつけておくべきことも話しておきましょう。

　Aさんのケースで、資産を三次元にとらえるときの注意点として、あまり先々の不確実な未来は見通さないこと、と説明しました。
　そのため、**先々のキャッシュフローは現在の年収をベースに、成長性や継続性を加味しながらも保守的に考えるようにしましょうと話しましたが、それは世帯収入で考える場合も同じ**です。

　収入は現状をベースにしたとしても、子どもに関する支出については不確実とはいえ、ある程度想定しておいたほうがいいでしょう。
　Cさんのところはまだ子どもはいませんが、子どもがほしいと考えているのであれば、子どもに関する支出は先々のキャッシュフローに組み込んでおくようにしましょう。
　なぜなら、子どもが生まれると、その先、十数年にわたってお金の消費が確実に増えるからです。

　仮に、現在のバランスシートでは月に10万円を拠出できたとしても、10〜15年間くらいは投資にまわせるお金が少なくなってしまうことも想定しておくことが大切です。

Cさん（夫）の単独のバランスシート

資産		負債	
現金	20万円	住宅ローン	0万円
普通預金	200万円	自動車ローン	0万円
定期預金	0万円	カードローン	0万円
株式	30万円	投資用不動産ローン	0万円
債券	30万円	返済前奨学金	150万円
投資信託	120万円	その他	0万円
居住用不動産	0万円	小計	150万円
投資用不動産	0万円		
貯蓄性保険	0万円		
財形貯蓄	0万円	純資産	250万円
DC／iDeCo	0万円		
自動車	0万円		
その他、換金性の高い動産	0万円		
合計	400万円	合計	400万円

Cさん夫婦のバランスシート

資産		負債	
現金	20万円	住宅ローン	0万円
普通預金	300万円	自動車ローン	0万円
定期預金	200万円	カードローン	20万円
株式	40万円	投資用不動産ローン	0万円
債券	30万円	返済前奨学金	150万円
投資信託	200万円	その他	0万円
居住用不動産	0万円	小計	170万円
投資用不動産	0万円		
貯蓄性保険	60万円		
財形貯蓄	0万円	純資産	680万円
DC／iDeCo	0万円		
自動車	0万円		
その他、換金性の高い動産	0万円		
合計	850万円	合計	850万円

CASE 04 自分の収入で頑張る マイホームパパのDさん

POINT

❶ 低税率枠を有効活用する

❷ この先発生するであろう費用は先々のキャッシュフローに織り込む

❸ 賃貸より持ち家のほうが経済合理性は高い

Dさん

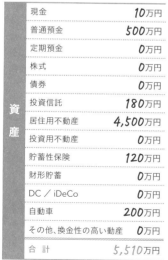

● 35歳　☑男性　□女性　● 妻1人　子1人

● 世帯年収 700万円（夫700万円／妻0円）

● 預貯金 500万円　● 持ち家

● Dさんのバランスシート

資産		負債	
現金	10万円	住宅ローン	4,000万円
普通預金	500万円	自動車ローン	150万円
定期預金	0万円	カードローン	0万円
株式	0万円	投資用不動産ローン	0万円
債券	0万円	返済前奨学金	0万円
投資信託	180万円	その他	0万円
居住用不動産	4,500万円	小　計	4,150万円
投資用不動産	0万円		
貯蓄性保険	120万円		
財形貯蓄	0万円		
DC／iDeCo	0万円	純資産	1,360万円
自動車	200万円		
その他、換金性の高い動産	0万円		
合　計	5,510万円	合　計	5,510万円

　Dさんの家庭は、子どもが1人。Cさんの数年後というイメージになりますが、Dさんも将来に向けてしっかり資産形成をしたいところでしょう。

　Dさんの家庭は、子どもがまだ小さいため妻は仕事を辞めて家事・育児に専念しています。そのため、世帯収入はDさんの収入だけの700万円です。手取り金額は、約540万円になります。

　Dさんの家庭のように、パートナー（Dさんの家庭なら妻）の収入がない、もしくはほとんどない場合、世帯の経済力を高めるために有効活用してほしいのが、低い税率枠です。

　経済力を高めるとは、世帯の手取り金額を増やすということです。例えば、Dさんの世帯年収を増やすとしましょう。Dさんの世帯の経済力を高めるとしたら、Dさんの年収を増やすより、妻が働きはじめるほうが手取り金額は多くなります。Dさんの年収が700万円から800万円に上がったとします。増える手取り金額は、約65万円です。

　一方、妻が働きはじめて100万円稼げるようになったとします。増える手取り金額は、約99万5,000円。収入のほとんどが使えるお金になるということです。

　これは、妻の収入100万円にかかる所得税は0円、住民税もわずかなものだからです。

さらにいえば、**会社員であるＤさんの年収が100万円アップするより、家庭の状況が許されればという条件はつきますが、妻の収入を作るほうが収入を増やすには近道**だと思います。

　現在は、柔軟な働き方が認められる時代になりました。飲食店やサービス業などのパートタイム勤務だけでなく、フルタイムでの週２日勤務、10時〜15時までの週４日勤務といったオフィスワークも可能です。

　また、インターネットを利用して家にいながらお金を稼ぐこともできます。

　生活に支障をきたさない程度に、隙間時間を活用してちょっと働くだけで、そこで得た収入は、そのまま資産形成のための原資になるのです。

　Ｄさんの家庭のように**パートナーの収入がない場合、少し稼げるようになるだけで、世帯全体の所得に与えるインパクトはとても大きくなります。**

有効に使いたい低税率枠

妻の年収	103万円	130万円	150万円
住民税	非課税（100万円） 課税		
所得税	非課税 課税		
社会保障保険料	不要	必要	
配偶者控除	対象	配偶者特別控除	対象外

所得税が課税される

妻も社会保障保険料を負担

夫の配偶者控除が減少

POINT②
この先発生するであろう費用は
先々のキャッシュフローに織り込む

　Cさんのケースで、子どもをもうける予定がある場合は、資産形成にまわせるお金が少なくなる時期を想定しておくようにと話しましたが、Dさんのようにすでに子どもがいる家庭は、先々のキャッシュフローに具体的に織り込む必要があります。

　子どもが20歳になるまで（または、大学を卒業するまで）の想定コストを織り込んで、月々どれだけのお金を資産形成にまわせるか。

　子どもがいる場合、教育費は必ず出ていくお金ですから、ポートフォリオを構築する前に計算しておかなければ、資産形成の計画が絵に描いた餅になります。

　具体的には、公立モデル、私立モデル両パターンを想定し、月にどれくらいの余剰があるのか計算したほうがいいでしょうし、アフタースクールについても考えておくほうがいいでしょう。

　周囲の動向や雰囲気に流されて行き当たりばったりで教育にコストをかけていると、キャッシュフローが耐えられなくなる可能性があります。

　子どもの希望をすべて叶えてあげたい気持ちはあっても、ない袖は振れません。だからこそ、いくつかのパターンをシミュレーションし、世帯のお金の実力で対応できる範囲かどうかきちんと把握しておく必要があるのです。

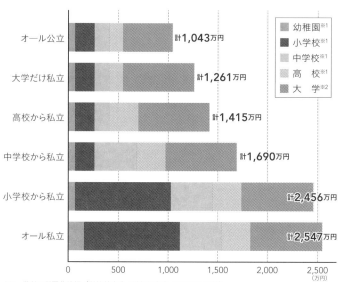

教育費の目安

凡例：
- 幼稚園※1
- 小学校※1
- 中学校※1
- 高　校※1
- 大　学※2

	計
オール公立	計**1,043万円**
大学だけ私立	計**1,261万円**
高校から私立	計**1,415万円**
中学校から私立	計**1,690万円**
小学校から私立	計**2,456万円**
オール私立	計**2,547万円**

（横軸：0　500　1,000　1,500　2,000　2,500（万円））

※1　数値は学習費総額（学校教育費＋学校給食費＋学校外活動費）
※2　数値は入学費と在学費の合計（自宅通学）。私立は「文系」の数値

出典：知るぽると「子どもの教育費、どう準備する？」

POINT③
賃貸より持ち家のほうが経済合理性は高い

　Dさんはすでに持ち家を所有していますが、結婚したり、子どもが生まれたりするタイミングで持ち家の購入を考える人は多いと思います。

　持ち家の場合、購入後は簡単に住み替えができなくなるため、ある程度、子どもの成長を踏まえた広いキャパシティの家を検討する必要があります。

　そのため、目の前のキャッシュフローを考えると、どうし

ても割高感があるように見えるのは仕方がありません。それが持ち家購入を断念する理由の1つでもあります。

　毎月の住宅ローンの支払いに加えて管理修繕費に固定資産税など出ていくお金だけに着目すると、たしかに持ち家はお金がかかりそうです。しかし、**住宅ローン減税制度などで戻ってくるお金（節税効果）を考慮すると、実は、今住んでいる賃貸住宅より少し広い家を購入したとしても、賃貸コストより低くなる可能性があります。**

　購入後の不動産市場の動向によっては資産が目減りするリスクがないとはいえませんが、急激に悪化しない限り、賃貸住宅より持ち家のほうが経済合理性は高いのです。

　賃貸住宅か持ち家かについてはそれぞれの価値観もあるので、どちらがいいと断言することはできませんが、覚えておいてほしいのは、**持ち家購入のための借金を過度に恐れてはいけない**ということです。

　なぜなら、バランスシート上で負債サイドに多額の借入金があったとしても、資産サイドに換金可能な資産として不動産が計上されているからです。

　仮にバランスシートの住宅ローンの未払い総額より、その時点の不動産の価値が高ければ、純資産はプラスになります。

　実際、給与所得者の場合なら借入金返済は順調に進むでしょうから、不動産の価値が下落していくスピードより速くなるはずです。借金があることを過度に意識すると、その後の資産形成に悪影響を及ぼすので注意しましょう。

PART
1
CHAP
3

お金の不安を解消するハック大学式ポートフォリオの組み方

CASE 05 「そろそろ定年後のことも……」と資産形成を考えはじめたEさん

POINT

❶ 45歳を過ぎると時間を味方につけられない？
❷ 持ち家を資産形成の強みとする

Eさん

● 46歳　☑男性　□女性　● 妻1人　子2人

● 世帯年収 1,000万円（夫800万円／妻200万円）

● 預貯金 1,000万円　● 持ち家

● Eさんのバランスシート

資産			負債		
	現金	20万円		住宅ローン	1,800万円
	普通預金	800万円		自動車ローン	30万円
	定期預金	200万円		カードローン	0万円
	株式	0万円		投資用不動産ローン	0万円
	債券	0万円		返済前奨学金	0万円
	投資信託	300万円		その他	0万円
	居住用不動産	5,000万円		小　計	1,830万円
	投資用不動産	0万円				
	貯蓄性保険	200万円				
	財形貯蓄	0万円		純資産	4,870万円
	DC／iDeCo	0万円				
	自動車	180万円				
	その他、換金性の高い動産	0万円				
	合　計	6,700万円		合　計	6,700万円

POINT①
45歳を過ぎると時間を味方につけられない？

　資産形成をはじめるときに、大きな懸念材料となるのは年齢です。Eさんの場合もそうですが、**長期的な組み立てを基本とする資産形成においては、時間を味方につけられなくなるのは大きなハンデになります。**

　なぜなら、使える時間が短くなればなるほど、リスクの取り方を抑えていかないと、短期のボラティリティ（価格変動）に耐えられなくなるからです。

　55ページの世界株式の収益率の推移を見てもわかるように、どれだけよい投資成果が上げられた期間でも、上がることもあれば、下がることもあるのが投資市場（マーケット）です。

　基本的に投資市場は10年1サイクルといわれていて、いったんクラッシュすると、次の高値に戻るまでに数年かかるといわれます。

　仮に、株式に投資して10年、20年保有していたとすると、その間に株価が高値から半分程度まで下がることは十分に考えられることなのです。

　この変動に耐えるには、20年、30年という長期で株式を持ち続けなければなりません。

　しかし、Eさんのように46歳からリスクを取って株式に投資したとしたら、マーケットの状況によっては60歳を迎える頃に資産が半分に目減りしているということもあり得ます。

45歳からの投資はリスクを下げて！

IRR 6〜7%のポートフォリオ

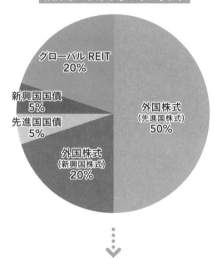

グローバル REIT
20%

新興国国債
5%

先進国国債
5%

外国株式
（新興国株式）
20%

外国株式
（先進国株式）
50%

IRR 3%のポートフォリオ

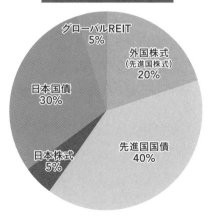

グローバルREIT
5%

外国株式
（先進国株式）
20%

日本国債
30%

日本株式
5%

先進国国債
40%

もちろん、マーケットが好況なサイクルに入っている可能性もありますが、こればかりは誰にもわかりません。

　定年後は資産を切り崩していくステージです。そこで株価が底値になる状況は、痛み以外の何ものでもありません。40代後半からは、出口を意識したポートフォリオを構築するのが理想です。

　例えば、**IRR6％の目標リターンだとすると、5％、3％と落としてポートフォリオを再構築する**。1つの商品に偏っていたとしたら、分散投資に切り替える。株式に投資しているなら、低リスクの債券に振り分けるなどです。

　50歳を過ぎている人なら、少しずつキャッシュ化（現金化）を進めてもいいかもしれません。

POINT②
持ち家を資産形成の強みとする

　居住用不動産（持ち家）があることは、50歳前後からポートフォリオを再構築していく上で大きな強みになります。というより、持ち家があるからこそ、リスクを落としていく戦略に舵を切ることができるといってもいいでしょう。

　資産形成は、長期にわたってリスクを取りながら資産を作っていくことになりますが、忘れがちなのが持ち家の資産としての価値です。

　ポートフォリオを組んで資産を運用していると、投資先の運用状況ばかりが気になるところですが、バランスシートの

資産の項目に記載した「持ち家」のことを忘れてはいけません。

　住宅ローンを払い続けている持ち家は、毎月一定金額を拠出しながら投資している金融商品と同じです。つまり、持ち家がある人は、IRR3〜6％のリスクを取りながら、さらにリスクを取っているということでもあるのです。

　しかも、住宅ローンの支払いが進めば進むほど、バランスシートにおける純資産（お金の真の実力）は増えることになります。

　さらにいえば、30〜35年のローンを払い終えた段階で資産価値がマイナスになることはほとんどありません。一般的なマンションの資産価値は築25〜30年で下げ止まりを迎え、購入価格の30％前後で推移するといわれています。戸建てに関しては土地の資産価値は大きく変動はしません。

　持ち家というリスクを取っていて、さらに、Eさんのように住宅ローンの支払いが3分の2くらい終わっている場合、すでに十分なリスクを取っているわけですから、過度にリスクを取りにいく必要はありません。

　それよりも、出口に向けて、リスクの小さい安全資産へ切り替えていくほうが賢明でしょう。

　リカバリーが効く若い頃ならストレッチした目標リターンを設定することも悪くはありませんが、50歳前後からはストレッチは避けることです。

　自分のバランスシートを、今一度確認してみてください。そして、リスクを取り過ぎているなら、リスクを落としてい

きましょう。**50歳前後の人で持ち家がある場合は、特にリスクには慎重になるのが賢明です。**

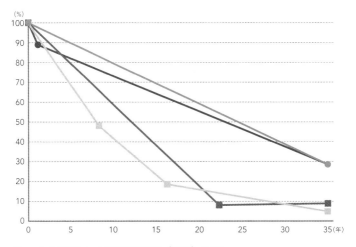

マンションと戸建て住宅の資産価値

●━━● 中古マンション減価償却年数（47年）による

●━━● 中古マンション（ヘドニック法※）による分析

■━━■ 木造戸建住宅減価償却年数（22年）による

■━━■ 木造戸建住宅（財）不動産流通近代化センターのマニュアルにもとづく試算

出典：国土交通省「中古住宅流通、リフォーム市場の現状」
※ヘドニック法とは環境条件の違いがどのように地価の違いに反映されているかを観察し、それをもとに環境の価値の計測を行う手法。

CASE 06 「将来が不安」でも投資に踏み切れない超堅実タイプのFさん

POINT

❶ フローが安定している人はリスクを大きく！
❷「不安だから貯める」ではなく、「不安だから投資する」

Fさん

● 38歳 □男性 ☑女性 ● 独身

● 年収 1,000万円 ● 預貯金 800万円 ● 持ち家

● Fさんのバランスシート

資産			負債		
現金	30万円		住宅ローン	2,100万円	
普通預金	300万円		自動車ローン	0万円	
定期預金	500万円		カードローン	0万円	
株式	0万円		投資用不動産ローン	0万円	
債券	0万円		返済前奨学金	0万円	
投資信託	100万円		その他	0万円	
居住用不動産	2,800万円		小 計	2,100万円	
投資用不動産	0万円				
貯蓄性保険	0万円				
財形貯蓄	0万円				
DC／iDeCo	0万円		純資産	1,630万円	
自動車	0万円				
その他、換金性の高い動産	0万円				
合 計	3,730万円		合 計	3,730万円	

POINT①
フローが安定している人はリスクを大きく！

　40代手前で年収1,000万円、預貯金800万円、加えて持ち家の所有。それでもＦさんは将来に対する不安があるようです。Ｆさんのようなタイプには、自分のお金の実力を再認識することがおすすめです。

　その方法は、Chapter 1で解説した、**自分の資産を三次元でとらえてみる**ことです。

　二次元の資産ではなく、立体的な資産で見ると、その実力がさらに明確になってきます。

　Ｆさんの年収は1,000万円です。手取り金額で730万円くらいでしょうか。Ｆさんの先々のキャッシュフローについて、現状維持をベースに年間使えるお金（キャッシュ）をグラフ化すると下記のようになります。

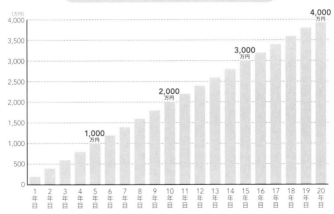

Ｆさんのキャッシュ蓄積イメージ

Fさんが年間500万円を使ったとしても、毎年200万円は残ることになります。それが20年間続くとすると、60歳を迎える前には、4,000万円くらいはキャッシュで貯まります。毎年、ただ積み上げていくだけで4,000万円。こういうタイプを**フローが強い人**といいますが、このような人は、資産運用において積極的にリスクを取ってもいい人です。

　逆に、いくら預貯金があったり、持ち家を所有していたりしても、先々のキャッシュフローが例えば年間20万円くらいしか見込めない人は、**フローが弱い人**ということになります。

　そういうタイプは、（保有している資産の状況にもよりますが）リスクを取るのに慎重になったほうがいい人で、保守的なポートフォリオの構築をおすすめします。

　なぜFさんが積極的にリスクを取っていいのかというと、投資によって多少の損失が出てもリカバーできるからです。仮に預貯金全額800万円を投資にまわして、200万円という多額の損失を出したとします。

　しかし、年間200万円のキャッシュフローがあるFさんなら、1年間で穴埋めできます。

　さらにいうと、保有している投資商品のポートフォリオが傷んでいるときに、追加のキャッシュを投入することができるので、安い値段で追加投資をすることになり、ポートフォリオ全体の損失率を緩和することができます。

　もちろん一時的にでも損失を負うことは決して喜ばしいことではありませんが、それだけリスクを取っても大きなダメージにはならないのです。

フローが強い人はリスクを積極的に！

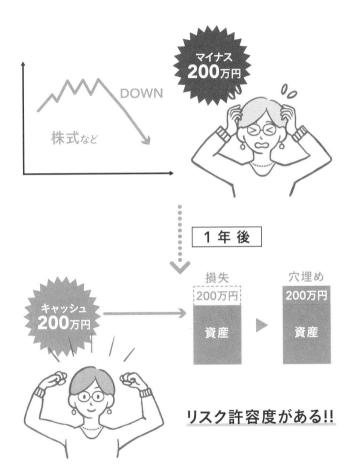

マイナス
200万円

DOWN

株式など

1 年 後

キャッシュ
200万円

損失
200万円
資産

穴埋め
200万円
資産

リスク許容度がある!!

このことに気付けると、預貯金800万円をそのまま保有するのではなく、300万円、400万円を投資にまわしてもいいという判断ができます。

　Fさんのような人は、自分の資産を三次元でとらえなおしてみてください。あなたにも投資にまわせる余力があるはずです。

POINT②
「不安だから貯める」ではなく、
「不安だから投資する」

　このケースのFさんはまさに、超堅実タイプです。

　老後の資金に不安があるのが大きな理由のようですが、「お金を貯めたい」という強い思いから節約してでも貯蓄にまわしている人がいます。

　節約するのはいいことですし、貯蓄するのもいいことですが、リスクを極端に避けるために預貯金というかたちで資産を保有している人が多いようです。

　もちろん、その方法でも、30歳から月5万円ずつ積み立てていけば、60歳の頃には1,800万円ほどの資産を作ることはできます。

　しかし、Chapter 1からここまで話してきたように、月5万円を貯蓄にまわせる余力があるなら、その何割かでも投資に振り分けるだけで、もう少し高い目標を目指すことはいくらでもできます。

　仮に月5万円をIRR3％のポートフォリオで30年間運用したとすると、約2,600万円の資産になります。

投資ですからまったくリスクがないわけではありませんが、堅実路線で運用したとしても、単に月５万円を積み上げていくよりはるかに大きな資産になるのです。

　老後の不安を解消したいなら、資産は1,800万円より2,600万円になるほうがいいと思いませんか。

30年間貯蓄した場合と投資した場合の比較

毎月5万円を投資にまわすことで……

貯蓄 → 1,800万円

IRR 3% → 2,600万円

IRR 5% → 3,400万円

差額 ▶▶▶ 800万円 ▶▶▶ 1,600万円

　さらにいうと、リスクを取らずに貯蓄の形で多額の円を保有していることこそ、最もリスクの高い資産の持ち方、という見方もできます。５年後、10年後、ましてや30年後、今の1,800万円の価値が保全されているかどうかなんてわからない、誤解を恐れずにいうと、保全されていることなどあり得ないからです。

インフレ（モノの値段が上がること）の進行、為替レートの変動など、マクロ環境の変化が現金の価値に影響を与えますが、世界の経済が浮き沈みはしながらも右肩上がりに拡大していくという前提に立つと、モノの値段もまた上がっていく、つまり、現金の価値は下がっていくと考えるのが自然なのです。

超堅実タイプの人は、そもそも現実的に余力がある人だと想像します。おそらく、先々のことを考えても、キャッシュフローをみだりに毀損するような浪費に溺れることもないでしょう。

そうだとしたら、**リスクを取って資産を増やすため、という意識ではなくても、少なくともリスクを軽減するため、という意識で、その何割かを投資にまわしましょう。**

毎月、しっかり投資にまわせるお金を拠出できる人だからこそ、「不安だから貯める」ではなく、「不安だから投資する」という考え方を持つことが大切です。

いかがでしたか？

PART 1で紹介したバランスシートやIPP計算エクセルなどをまとめた**資産形成便利ツール**は下記より無料ダウンロードできます！

PART 2
....

お金にもっと
強くなる！
会社員のための
マネー講座

Chapter 4

リスクを取って
お金を増やす
会社員のための
投資のポイント

01 | リスクプレミアムを理解して投資に活かそう!

POINT
金融資産にはリスクを取る価値のある資産とそうでない資産があります。株式や債券は、価値のある優良資産です。

 利益をもたらす背景に裏付けはあるか

　Chapter 1 〜 3で資産形成のためのポートフォリオ構築について解説してきましたが、みなさんも、自分なりのポートフォリオを描くことができたでしょうか。目標金額達成までの道筋が見えてきたら、あとは、そのポートフォリオに従って投資を実践し、将来のお金の不安を解消していくことになります。

　とはいえ、投資経験が少ない人の場合、実際にお金を何らかのリスク資産（価値が変動する可能性がある資産）にさらすとなると、やはり不安になると思います。そこで、より納得して資産形成をはじめられるように、Chapter 4では投資する金融資産について、また投資方法そのものについて理解を深めていくことにしましょう。

　投資は、リスクを取って利益（リターン）を得ることを目的とするものです。リスクとは、投資対象となる金融資産の価格の振れ幅のことをいいます。

　振れ幅が大きければハイリスク、小さければローリスク。

金融資産のリスクとリターンは基本的に比例する関係にあって、リスクが大きければ期待リターンも大きく、リスクが小さければ期待リターンは小さくなります。

　振れ幅があるということは、利益を得ることもあれば、損失を出すこともあるということを意味します。つまり、リスクを取るとは、損失の可能性を受け入れるということです。逆に、リスクを取るからこそ利益を得られる可能性もあるということもいえます。この**リスクの対価として得られる利益のことを**、リスクプレミアムといいます。

　どの金融資産に投資をするかを考えるときに着目するのが、この「リスクプレミアム」です。そして、重視しなければならないのが、プレミアムの源泉。要するに、利益をもたらすものは何かということです。

　利益をもたらす背景に裏付けがあればリスクを取る価値のある資産と判断できますし、裏付けがなければ危ない投資ということになります。

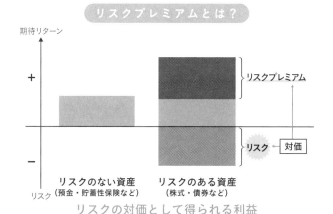

リスクプレミアムとは？

期待リターン

＋

リスクプレミアム

リスク ← 対価

−

リスクのない資産（預金・貯蓄性保険など）　**リスクのある資産**（株式・債券など）

リスク

リスクの対価として得られる利益

リスクを取る価値のある株式や債券とは？

　利益をもたらす裏付けがあるとは、こういうことです。

　例えば、株式。株式は、企業が発行する有価証券です。企業は、利益を創出し、その利益を再投資してさらになる利益を創出する、という成長サイクルを前提とした経済活動をしている生き物です。

　企業が株式を発行して資金を集めるのは、他人資本を活用することで、その経済活動をより効率よく、かつダイナミックに行うためです。そして、その活動の中で生まれる利益の一部が、株主に分配されます。それが、株式投資で得られるリスクプレミアムです。つまり、**株式という金融資産を持っている人は、企業の経済活動が健全に行われる限り、必ず利益がもたらされる**ことになります。

　債券も、株式と同じように、国や地方自治体、企業などの経済活動から利益がもたらされます。株式の場合は配当金や株主優待など、債券の場合は利息という違いはありますが、**対象となる国や地方自治体、企業などが存続し続ける限り、利益を得られる**ことになるのです。

　もちろん、上場している大手企業でも倒産する可能性はありますし、ギリシャやスリランカなどのようにデフォルト（債務不履行）する国がないわけではありません。

　しかし、そういったことは稀であって、株式や債券は総じて、長期にわたって、リスクに見合った利益を提供してくれる資産であることに変わりはありません。だからこそ、リスクを取る価値のある金融資産なのです。

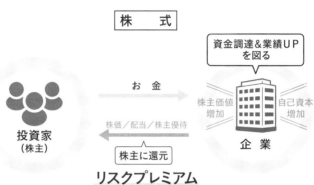

株　式

資金調達＆業績ＵＰ
を図る

お　金

株価／配当／株主優待

株主に還元

リスクプレミアム

投資家
（株主）

株主価値
増加

自己資本
増加

企　業

債　券

資金調達

お　金

利息／返済

満期まで利息の支払い＆
満期になると返済

リスクプレミアム

投資家

国

企　業

PART
2

CHAP
4

リスクを取ってお金を増やす会社員のための投資のポイント

リスクを取る価値のない仮想通貨

　裏付けがないとは、こういうことです。

　例えば、近年のメディアを賑わせている仮想通貨ですが、リターンの源泉は何かというと、「需給」です。供給量に対して買いたい人が多ければ価格が上がるし、少なければ価格が下がります。

　要するに、仮想通貨で儲かったという人は、たまたまいいタイミングで買って、いいタイミングで売れたから大きく利益を出せたということなのです。

　仮想通貨には、企業や国のように、そのものに利益をもたらす源泉がありません。源泉がないもののやりとりは、最終的には、儲かる人がいれば、それだけ損する人がいるという、ゼロサムゲームになりかねません。

ゼロサムゲームとは？

主催者

2万円

1万円　　1万円

参加者

主催者

WIN
2万円

−1万円　　+1万円

参加者

合計すると±0となる

為替への投資も、仮想通貨と同じようにゼロサムゲームの一種になります。

為替取引はゼロサムゲーム

円だ！　ドルだ！　**50円**　ドル高／円安に！　やった

−50円　　　　　　＋50円

どちらかが儲けるとどちらかが損をする

　利益をもたらす源泉がない資産の場合、株式や債券の事例で取り上げたように、企業や国が成長すると、投資家全体に利益が分配されるようなことがありません。

　ゼロサムゲームでは、どこまでいっても投資家全体へのリターンは０もしくは、果てしなく０に近いのです。資産形成を上手くやりたいと思うなら、自分の大切なお金をそういった資産に投資してはいけません。

　資産形成のために投資するなら、投資家全体に利益をもたらすプラスサムゲームの金融商品にしましょう。

　そういう意味でも、株式や債券などは、絶対とはいえませんが、長期にわたって投資家全体へのリターンが期待できる資産といえます。

プラスサムゲームとは？

主催者

2万円

1万円　　　　1万円

参加者

主催者

儲けたので分けます！

2万円
1万円

1万円+5,000円　　1万円+5,000円

参加者

合計するとお金が増えている

株式投資もプラスサムゲーム

ありがとうございます。がんばります！

儲けが出たので分配します

企　業

投資　　　　　　　　　　配当

株　主

長期にわたり投資家へのリターンを期待する

02 日々の値動きに 一喜一憂しない

POINT

金融商品の価格は、企業の実力以外の要因でも変動します。特に短期的な変動は実力以外の要因が大きく影響します。

企業の実力が変わらなくても株価は変動する

「利益をもたらす源泉は何か」ということをしっかり理解できると、金融資産の日々の値動きが気にならなくなります。といっても、株式市場が大幅に下落した報道を見ると、「大丈夫かな」と不安になるものです。投資経験が少なければ、なおのことだと思います。

みなさんは、金融市場ではどんな要因で価格が上がったり、下がったりしていると思いますか？　金融資産の価格は、大きく分けて、ファンダメンタルズ要因とマーケット要因という2つの要因で変動するといわれます。

ファンダメンタルズとは、国や企業の経済状態のことを表す指標です。国の場合なら経済成長率や物価上昇率、財政収支などになります。企業の場合なら、業績や財務状況などになります。

ファンダメンタルズ要因での値動きとは、**国や企業の経済活動そのものの評価**ということができます。

一方、マーケット要因とは、金融政策動向、財政政策動向、景気動向、投資家センチメントなどといった、**金融市場を取り巻く環境**になります。投資家センチメントとは、市場に参加する人たちの心理、感情のことです。

　短期的な価格変動に大きな影響を与えるのは、ファンダメンタルズ要因ではなく、マーケット要因です。

　例えば、金融政策で金利を下げる金融緩和策がとられるとお金が市中にあふれ、企業は借り入れコストが安くなり、個人は住宅ローンの金利負担が軽くなり、月々の返済額が安くなります。

　もちろん、こうした金融政策の調整が究極的には企業のファンダメンタルズにも影響を与えることになるため、2つの要因をスパッと切り分けることは難しく、市場がその長期的な影響を先読みし、ファンダメンタルズへの影響が不確実な状態でも過剰に上昇反応を示したり、住宅ローンの支払い負担が減り、手元にお金が余る状況になったりという理由で、個人投資家の需給がさらに株価を押し上げるというようなことも起こり得ます。

　また、投資家センチメントでも市場が大きく変動します。

　日本の株式市場は、1997〜98年の「信用不安」のときは大幅に下落し、1999〜2000年の「ITバブル」のときは大幅に上昇し、そして2008年の「リーマンショック」では大幅に下落しました。また、世界に目を向けると、アメリカでトランプ政権が誕生したときは急激な上昇が続き、イギリ

スでEU離脱を問う国民投票で予想外の結果が出たときは急激な下落が起きました。

　このとき、**価格を大きく動かしたのは、国や企業の経済状態の変化ではなく、弱気になったり、強気になったりと揺れ動いた投資家の心理です。**

日々の値動きはノイズに過ぎない

　では、金融資産の価格変動にマーケット要因が大きく影響するわかりやすい例を株式で解説してみましょう。

　株価は、EPS（1株当たりの純利益）×PER（株価収益率）になります。

　EPSとは、1株当たりどれくらい稼ぐ力があるかという指標で、純粋に企業の実力（ファンダメンタルズ要因）ということができます。

　PERは、1株当たりの純利益に対して何倍の株価がついているかを表す指標で、その株式の市場での評価ということになります。

　例えば、1株当たり20円稼ぐ企業がPER15倍だと1株300円ですが、市場の評価（マーケット要因）でPERが30倍、50倍になることがあります。そうなると、株価はどんどん上がります。逆に10倍、5倍になれば、株価は下がります。つまり、企業の稼ぐ力は変わらなくても、マーケット要因で株価は変わるのです。

　また、利益は同じでも、その会社の株式価値が10億円のときもあれば、50億円のときもあります。

1株当たりの純利益　　**株価収益率**

株価 ＝ EPS × PER

1株当たりの
稼ぐ力がわかり、
企業の実力を
表す

1株当たりの
純利益に対し、
何倍の株価が
ついているかを
表す

PER（市場の評価）の目安は
日本株式で15倍、
米国株式で20倍といわれている

　株価は、そのときのマーケット要因によって大きく変動します。企業にコントロールできない要因による値動きに、私たちが一喜一憂していても仕方がありません。

　健全な経済活動が行われていれば、株価が上がろうが下がろうがプレミアムは生まれます。そのことがわかっていれば、そういった**日々の値動きはマーケットから聞こえてくる、単なるノイズととらえられる**ようになります。

　利益の源泉に裏付けのある資産を長期で持てば、かなり高い確率で報われます。実際、短期的な価格変動はあっても、ファンダメンタルズがしっかりしていれば、長期的に見ると市場が右肩上がりのかたちになるということは過去の歴史も証明してくれています。

03 分散投資でリスクに 備えながらお金を増やす

どんなに確率が高いといわれても、投資に絶対は ありません。そのリスクを限りなく抑える投資方 法が分散投資です。

 投資に絶対はない。だから分散する

　長期的な視点に立てば、リスクプレミアムに着目して資産 を選別すると、リターンを得られる確率は高くなります。た だし、投資である以上、絶対というわけではありません。上 場している企業でも倒産する可能性はないとはいえませんし、 世界にはデフォルトする（債務不履行に陥る）国もあるからです。

　そこで、より確実に目標を達成するために覚えておいてほ しいのが、分散投資というスタンスです。Chapter 3でモデ ルポートフォリオを紹介しましたが、「IRR3％が目標なら期 待リターン3.0％の先進国国債100％でもいいのでは？」と いう疑問を持った人もいると思います。

　あえて投資先をいくつかに分散するのは、倒産やデフォル トのリスクに備えるため、また、特定のリスク資産の動向に すべてを委ねないためです。

　いくつかの資産に分散しておけば、仮に1つの資産で期待 通りのリターンを得られなくても、ほかの資産でカバーする

ことができます。しかし、1つの資産にしか投資していない
と、万一のときに大切な資産の多くを失ってしまうこともあ
ります。

　そんな不安を解消するのが、分散投資です。資産を分散し
ていれば、それだけで心に余裕が生まれ、安心して資産形成
を続けられます。

分散投資のイメージ

資　産

日本株式　外国株式
日本債券　外国債券
REIT
などに分散

地　域

通　貨
先進国　新興国
などに分散

分散投資

1つの企業、
1つの国に
偏らない
金融商品を選ぶ

銘　柄

長期で定期の
積立投資を行うなど

時　間

株式と債券は違った値動きをする

　どう分散するとリスクに備えることになるのか。そのイメージを前ページに紹介しましたが、1つずつ解説しましょう。

　まずは、資産の分散です。

　株式だけではなくて債券も併せ持つことによって、日々の変動幅を抑えることができます。なぜなら、**株式と債券は、違った値動きをする**という特徴があるからです。

　一般的に、景気が上向きのときに価格が上昇するのが株式で、下降するのが債券、逆に景気が下向きのときに上昇するのが債券で、下降するのが株式になります。

　日々の値動きは気にするなとはいいましたが、やはり少しは気になるものです。1日の変動幅が大きくなると、不安になるのも仕方がありません。そんな不安を解消するためにも、**価格の変動幅を抑える資産の分散は効果的**です。

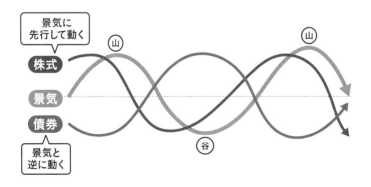

景気サイクルと株式、債券の値動き

もちろん、資産の分散はリスクを抑える意味でも効果があります。債券より期待リターンが高い株式ですが、必ずしも期待通りのリターンを得られるとは限らないからです。

　ポテンシャルが高いはずの新興国の株式は、ここ20年くらいは期待通りの成長をしていません。過去10年超にわたって好調なアメリカ市場も、この先さらに崩れる可能性もあれば、しばらく低調な時期が続く可能性もあります。

新興国とアメリカの株価推移

(%)

※著者作成

　株式と債券を併せ持つことで期待リターンは下がりますが、その分リスクを抑えることで投資効率は上がります。
　目標達成までの時間が長く確保されていればいるほど、リスクプレミアムが高い株式を優先的に持つほうが有利ですが、ポートフォリオ全体の価格変動を抑えることは、日々の値動きに動揺することなく長期にわたって資産を作っていく上で大切なことなのです。

投資対象は国内にこだわらない

　次に、地域と通貨の分散。Chapter 3で紹介したモデルポートフォリオを見て、「どうして日本株式がこんなに少ないの？」と疑問を持った人もいると思います。

　投資経験が少ない人は、株式や債券に投資しましょうというと、身近なものを投資対象にする傾向があります。買いやすいとか、馴染みがあるとか、知っているとか……。そうなると、株式なら日本企業、債券なら日本国債を選ぶことになります。

　ただ、**資産形成のためにリスクプレミアムを得ようとするなら、自分が日本に生まれたとか、自分は日本人だというホームカントリーバイアスは排除してください。**

　身近なほうが情報をたくさん集められて判断できると思うかもしれませんが、そういう目線で世界の投資家は投資していません。

　日本に限らず多くの先進国にもいえることですが、そもそも日本のポテンシャルを客観的に見ると、人口動態の観点からも、技術革新の観点からも、株価が下がっていくのは明らかです。

　国内資産を持つことは大切です。しかし、日本人であるというホームカントリーバイアスはなるべく排除して、日本も含めた世界の株式市場、債券市場を国際投資家の視点で平等にとらえて分散を図りましょう。現に、日本株式より海外株式のほうが、リスクプレミアムは高くなります。

いずれにせよ国内にこだわらなければ、必然的に地域分散のポートフォリオになり、為替の動向とか、円安とかのリスクを抑えることができます。

なお、151ページで紹介したように、通貨（為替）にはリスクプレミアムがないので投資対象とはなりませんが、資産を守るという意味で分散しておくのもいいでしょう。分散しておけば、円安になっても、落ち着いて市場の動向を眺めておくことができます。

倒産、デフォルトのリスクを避ける

次は、銘柄の分散です。資産の分散、地域の分散に加えて銘柄を分散しておくと、さらにリスクを抑えることができます。銘柄を分散するとは、例えば、日本株式に投資するときに、A社の株式だけを持つのではなく、B社の株式も、C社の株式も併せて持つことです。海外国債なら、A国だけでなく、B国の国債も、C国の国債も持つことになります。

複数の銘柄を保有していれば、どれか1つの銘柄が損失を出したとしても、ほかの銘柄でカバーすることができます。

ここまで、何度も述べてきたように、どんな企業にも倒産のリスクがありますし、どんな国にもデフォルトのリスクがあります。集中投資していると目標とするリターンを得られないことにもなるので注意しましょう。

銘柄を分散する方法として、有効なのが「投資信託」です。投資信託については、次の項目で詳しく解説することにします。

最後は、時間の分散です。

時間の分散は、毎月、毎年、一定額を拠出して投資するスタイルなら、自動的に実践できます。日々価格が変動している金融資産に投資する場合、底値で購入するのが理想ですが、どこが底値なのかは誰にもわかりません。

逆に、高値で購入するのは避けたいところですが、やはりどこが高値なのかは誰にもわかりません。

このリスクを抑えるのが、時間の分散です。時には高値で購入することがあったとしても、投資のタイミングを分けることで、平準化され、購入価格を抑えることが可能になります。これを、毎月一定額を投資して投資信託を買う例でいうなら、高値のときには少なく、価格が低いときには多い口数の投資信託を買うことができるということになります。

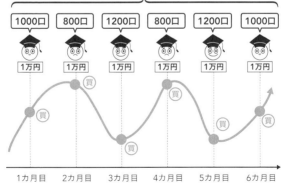

時間の分散の効果

投資のタイミングを分けて平準化

| 1000口 | 800口 | 1200口 | 800口 | 1200口 | 1000口 |

1万円　1万円　1万円　1万円　1万円　1万円

1カ月目　2カ月目　3カ月目　4カ月目　5カ月目　6カ月目

6万円で6,000口購入
▼
1カ月当たり **1万円で1,000口購入した計算に！**

04 長期の資産形成は 絶対的に投資信託!

POINT

投資の専門家であるファンドマネージャーが作る投資信託を購入するだけで、自動的に分散投資ができます。

運用はプロに任せる

　リスクプレミアムに着目し、分散投資する。この2つの視点から構築されたものが、Chapter 3で紹介したモデルポートフォリオです。

　自分で構築したポートフォリオで投資するにしても、モデルポートフォリオの配分にしたがって投資するにしても、おすすめしたいのが投資信託(ファンド)です。投資信託を活用すれば、自動的に分散投資をすることにもなります。

　それでは、投資信託の仕組みから解説しましょう。

　投資信託とは、投資家から集めたお金を1つの大きな資金としてまとめ、ファンドマネージャーと呼ばれる投資の専門家が株式や債券などに投資・運用する金融商品です。そして、その運用成果が、投資家それぞれの投資額に応じて分配金、償還金というかたちで分配されます。つまり、投資信託とは、自分で○○会社の株式に投資しようとか、○○国の債券に投資しようとか考える必要はなく、運用先はプロにおまかせの商品なのです。

その点だけでも、ムダな労力を割くことなく資産形成をは
じめられる便利な商品です。

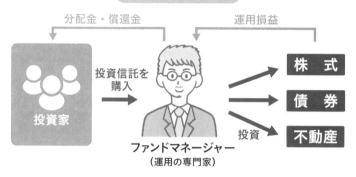

投資信託の仕組み

分配金・償還金　　　　　　　運用損益

投資信託を購入

投資家

ファンドマネージャー
（運用の専門家）

投資

株　式

債　券

不動産

　投資信託には、比較的リスクが小さい債券で運用されるも
のから、リスクの大きい株式、また不動産で運用されるもの
など、さまざまな商品があります。

投資信託の種類

		投資対象		
		株　式	債　券	不動産投資信託
地域	国内	主に日本株式で運用	主に日本の債券（国や企業）で運用	主に日本の不動産投資信託で運用
	海外	主に外国株式で運用	主に海外の債券（国や企業）で運用	主に海外の不動産投資信託で運用

また、投資信託の商品は、運用方法によって２種類に分類
されます。１つは、インデックスファンド。もう１つはアク
ティブファンド。

　**インデックスファンドとは、特定の指数（インデックス）と
連動するように作られた投資信託**です。

　対象となるインデックスは、日本株式なら「日経平均株価」
「TOPIX」、外国株式なら「S＆P500指数」「MSCIコクサイ・
インデックス」、外国債券なら「FTSE世界国債インデック
ス」などになります。

　インデックスファンドは、対象となるインデックスが上昇
すると値上がりし、下降すると値下がりします。

　**アクティブファンドは、市場の平均を上回る成果を目指す
投資信託**です。

インデックスファンドとアクティブファンド

インデックスファンド

値

市場の平均

インデックスファンド

時

アクティブファンド

値

アクティブファンド

市場の平均

時

平均と連動して
動くように運用

目標

平均を上回る成果を
目指して運用

低

リスク

高

資産形成にはインデックスファンド

インデックスファンドか、アクティブファンドか。

結論からいえば、**本書で推奨するのは、インデックスファンドです**。資産形成のためなら、迷わずインデックスファンドを選びましょう、といってもいいでしょう。

インデックスファンドは、例えば日経平均株価と連動するファンドなら、東京証券取引所プライムに上場する225銘柄が組み込まれた商品です。また、S&P500指数と連動するファンドなら、アメリカの代表的な企業約500社の銘柄が組み込まれています。

これだけ分散していれば、投資先が年間で1、2社倒産することはあっても、リスクプレミアムへの影響はほとんどないと考えられます。また、企業の集合体と考えると、経済活動が継続し、成長を続けるのはほぼ間違いありません。

これほど安心してリスクプレミアムを期待できる資産は、ほかにはないでしょう。**インデックスファンドは、単体の企業ではなく、市場全体のプレミアムを取りにいくという発想になります。**

その点、市場の平均を上回るため、組み込む銘柄を絞り込んでいるアクティブファンドは、市場全体のプレミアムという感覚ではなくなります。

もちろん、期待リターンが高い銘柄を厳選しているアクティブファンドは、インデックスファンドを上回る運用成果

を上げる可能性はあります。

　しかし、**残念ながら、多くのアクティブファンドは、インデックスファンドを上回る運用成果を出せていないのが現状です。**

コストで考えてもインデックスファンド

　インデックスファンドを推奨するもう1つの理由はコストです。

　投資信託には、購入するとき、保有しているとき、解約するときにコストがかかります。インデックスファンドとアクティブファンドで大きく異なるのが、保有しているときの信託報酬というコストです。

　結論からいうとインデックスファンドのほうが低コストになります。

　アクティブファンドのコストが高くなるのは、優秀なファンドマネージャーはより高い報酬を求める傾向があるほか、市場の平均を上回る成果を出すために、積極的に売買を繰り返すことが多くなるからです。

　コストを上回る圧倒的なリターンを生み出すファンドマネージャーがいないわけではありませんが、10〜15年という時間軸で常に結果を出し続けられるファンドマネージャーはほとんどいません。

　結果としてアクティブファンドのほうがリターンが大きかったということもあるかもしれませんが、**時間をかけて資**

産を作ると決めるなら、日々の値動きに一喜一憂しないためにもインデックスファンドにしましょう。

投資信託選びの第一は運用コスト

ポートフォリオの資産配分にしたがって、投資信託のインデックスファンドに投資するだけで、目標金額に向けた資産形成ははじまります。外国株式50％なら、資金の50％を外国株式のインデックスファンドに投資するだけです。

ただし、日本株式のインデックスファンド1つとっても、多くの証券会社に同じような商品があります。

初心者であれば、どの商品に投資するといいのか迷うこともあるかもしれません。そこで、商品選択のアドバイスも話しておきます。

まず、大前提としていえるのは、**インデックスファンドの投資成果には差はない**ということです。

証券会社や運用会社の知名度に関係なく、例えば日経平均株価に連動するインデックスファンドなら、どの会社の成果もほぼ同じです。

では、何を判断基準にするか。

第一は、運用コストです。

比較してほしいのは、信託報酬です。信託報酬は、**投資信託を管理・運用する経費ですが、年間で保有額×信託報酬の金額がみなさんの投資金額から引かれることになります。**資

産形成は長期運用が基本になるため、できるだけ安いほうがいいという判断になるのはいうまでもありません。

　この信託報酬は、投資関連の情報サイトを利用すると簡単に比較することができます。

　第二は、資産残高。資産残高を見ると、どれくらいのお金を集めて運用されているファンドなのか、ということがわかります。

　ほかと比べてあまりにも規模が小さいファンドの場合は、運用コストが安くても敬遠するのが得策でしょう。

　ただし、ベビーファンド（投資家が購入するファンド）としての資産規模が小さいだけなら問題ありません。

　どういうことかというと、投資信託は、投資効率を高めるために、ファミリーファンド方式で運用されている場合があります。簡単にいうと、いくつかのベビーファンドを1つにまとめて大きなファンド（マザーファンド）として運用するという方法です（次ページ参照）。

　最近は、マザーファンドを運用する会社が、信託報酬などの運用コストを安くするために、新しいベビーファンドを作るケースも増えています。その場合、新しくファンドを設定した当初は、どうしても資産規模が小さくなりがちです。

　ベビーファンドとしての資産規模が小さいという理由だけで敬遠する必要はなく、結局のところ全体でどのぐらいの運用資産を持っているのかという点に着目して判断するといいでしょう。

市　場

▲

運　用

マ ザ ー フ ァ ン ド

ベビーファンド
（投資信託）

ベビーファンド
（投資信託）

ベビーファンド
（投資信託）

▲　　　　　　▲　　　　　　▲

投資家　　　　投資家　　　　投資家

ベビーファンドをまとめて大きなファンドとして運用

05 REITはリスクプレミアムのある金融商品

POINT

不動産は、株式や債券と同じように利益をもたらす裏付けのある資産です。投資商品の1つとして考えましょう。

不動産投資信託「REIT」とは？

　ここまで投資対象として投資信託の解説をしてきましたが、モデルポートフォリオの構成資産の中で解説されていない資産に気づいている人もいると思います。

　それは、REITです。REITとは不動産という資産を対象とした投資信託です。日本語訳は、不動産投資信託となります。

REITの仕組み

＼プロが運用／

REIT
（不動産投資信託）

投資 ↗

↘ **保有・運用**

分配・償還 ↓　　↑ **賃料**

商業施設

オフィス

投資家

居住施設

REITも株式や債券の投資信託と同じように、投資家から集めたお金を不動産に投資し、そこから得られる利益を投資家に分配する金融商品になります。

不動産はリスクを取る価値のある資産

　リスクプレミアムの源泉に裏付けのある資産として株式や債券を紹介しましたが、実は、不動産も裏付けのある資産です。というより、株式や債券よりもわかりやすいかもしれません。

　不動産のわかりやすいプレミアムは、テナント賃料です。投資した（または所有している）不動産に入居者が入り、定期的に賃料が入るようになると、その賃料が投資家に還元されます。**このプレミアムは、入居が続く限り、還元されることになり、株式以上に実感を得られやすいキャッシュフローといえます。**

　また分散投資の視点からも、不動産はリスクを抑える資産になります。なぜなら、**不動産は、株式や債券とはまた違った値動きをする**からです。

　前に株式と債券は違う値動きをするといいましたが、例外もあります。例えば、ある国がインフレになり、金利を急ピッチで上げないといけない局面を迎えたとします。このときに何が起きるかというと、それは株式と債券の暴落です。債券は金利が上がるとダイレクトに価格が下がりますし、株式も景気後退リスクの高まりというマーケット要因を受けて価格が下がります。

　しかし、このとき**不動産には逆のロジックがはたらきます。**

不動産は資金を借り入れて投資するため、借り入れコストの上昇という影響は受けますが、インフレによってテナント賃料の収入が上がります。

　これは日本で生活していると理解しづらいことかもしれません。ですが、欧米ではテナント賃料の水準が物価上昇率に連動しています。

　インフレでさまざまなコストが上がりますが、その分収入も上がるため、**欧米では、不動産は世の中にある資産の中で最もインフレ耐性のある資産と認識されています。**

　もちろん景気後退局面になると、オフィス物件などは価値が下落することもあります。しかし、（投資する）資産という視点で見ると、総じてインフレ耐性が強いといえるでしょう。

　ちなみに、Chapter 3のモデルポートフォリオにグローバルREITを組み入れている理由は、1つの国では、政治や経済の変化による混乱、つまりカントリーリスクに左右されやすいためです。

　日本はかつて、地価暴落によるバブルの崩壊を経験しました。だからこそ理解もしやすいかと思いますが、1つの国や地域よりも、より多くの海外資産（不動産）に投資するほうが、よりリスクを分散できるわけです。

　リスクプレミアムのある資産は、株式、債券、不動産。そして、分散投資するために便利なツールが投資信託（インデックスファンド）であり、不動産ならREIT（またはREITに投資する投資信託）です。

　この３つの資産をバランスよく配分したのが、Chapter 3で紹介したモデルポートフォリオなのです。

06 | 国が推奨する分散投資「つみたてNISA」もいい

 POINT

 投資信託を購入するなら、まずは国が投資のために用意してくれた制度を利用して非課税枠を使い切ることが大事です。

資産形成のための投資はつみたてNISAから

投資信託は、証券会社（ネット証券含む）や銀行だけでなく、郵便局、保険会社など、さまざまな金融機関で購入できます。

どの金融機関を選ぶかは、購入予定のインデックスファンドがあるかないか、運用コストはどれくらいかかるか、相談しやすいかどうかなどから判断してください。

投資信託を購入する上で、まず大切なことは、国が推奨する投資制度を必ず利用することです。金融機関に投資信託を購入する口座を開設すると、いつでも購入できますが、投資制度を利用して、しっかり非課税枠を使い切るようにしましょう。

投資のために（正しくは老後の資産づくりのためにですが）国が用意してくれている制度は、「iDeCo（個人型確定拠出年金）」と「NISA（少額投資非課税制度）」です。

iDeCoについてはChapter 5で詳しく解説しますが、まずiDeCoの枠（会社員なら月額2万3,000円、個人事業者なら月額6万8,000円）を使って投資してください。

iDeCoを使い切ったら、次はNISAです。NISAの枠を使い切っても、まだ投資にまわせる余力がある場合は、金融機関の口座を使って投資しましょう。

　それでは、NISAについて解説しましょう。
　NISAには2種類あって、ひとつは一般NISA、もうひとつはつみたてNISAになります。
　一般NISAは、**5年間、年間120万円内で購入した金融商品から得た利益に税金がかからない制度**です。毎年最大限に活用したとして600万円が非課税で投資できます。
　つみたてNISAは、**20年間、年間40万円内で購入した金融商品から得た利益に税金がかからない制度**です。毎年最大限に活用したとして800万円を非課税で投資できます。
　一般NISAとつみたてNISAは併用できないためどちらかを選ぶことになりますが、毎月一定の拠出金を長期運用することを考えると、つみたてNISAをおすすめします。

つみたてNISAの仕組み

非課税期間（20年間）

投資開始年	1年目	2年目	3年目	……	20年目	21年目	22年目	……	30年目
2018	40万円	非課税期間（20年間）							
2019		40万円							
2020			40万円						
⋮									
2037					40万円				

投資可能期間20年間

非課税投資額は最大800万円

176

つみたて NISA をおすすめするもう 1 つの理由は、対象と
なる商品が厳選されていることです。2022 年 10 月 31 日時
点で 216 本。そのうちインデックスファンドは 185 本になり
ます。

　これらは金融庁が定める厳しい条件をクリアした商品です
から、初心者でも安心して投資できます。ただし、各金融機
関がそれぞれに商品をセレクトしているため、どこの金融機
関でもつみたて NISA 対象商品のすべてを買えるわけではな
いので注意してください。

　NISA は 2024 年から新 NISA にリニューアルされることに
なっています。現段階ではつみたて NISA が年間 40 万円ま
でだったのが、3 倍の 120 万円まで、一般 NISA は成長投資
枠という名前になり、現行の 2 倍、つまり年間 240 万円まで
取引可能となります。

　さらに、両方ともこれまで投資期間に期限が設けられてい
ましたが、新制度では、それが無制限となります。ただし、
投資上限額は決まっており、つみたて NISA が 1,800 万円（現
行は最大 800 万円）、成長投資枠（旧一般 NISA）が 1,200 万円（現
行は最大 600 万円）です。

　また、新 NISA ではつみたて NISA と一般 NISA の併用が可
能となる予定です。

　すでに一般 NISA やつみたて NISA をはじめているといっ
た人については、現行の制度に加えて、新 NISA が利用でき
るので、活用しない手はないでしょう。

 資産形成にETFは不要

　さて、非課税枠を使い切ったら、金融機関に開設した口座を利用して投資信託を購入することになりますが、ここで注意してほしいのが、ETFには手を出さないことです。つみたてNISAの対象商品にもETFが数本ありますが、長期運用の視点に立てば、買う必要のない商品といえます。

　ETFは上場投資信託といって、証券会社でしか取り扱えない商品です。ここまで解説してきた投資信託と何が違うかというと、日中に売買できるかどうか。

　投資信託に値がつくのは1日1回です。売買はいつでもできますが、買値も売値も、その金額が適用されます。一方、ETFは株価のように日中も価値が変動しているので、好きなタイミングで売れるし、買えます。

　長期運用を前提とする資産形成のために、日中に売買できる必要があるでしょうか？　ありませんよね。

　値動きに一喜一憂するのは、ただのノイズでしかありません。ましてや、価格が下落して思わず売ってしまったら、取引コストがかかるだけでなく、資産作りをとん挫させることにもなります。

　長期運用をうまく進めるには、日々の値動きに惑わされないようにすることも大切な要素の1つです。ETFを購入して、その種をわざわざ作ることはありません。

07 投資の専門家になる必要はない

POINT

納得できるポートフォリオが完成したら、プロが作る投資信託を買って、将来のお金のことは忘れましょう。

 青写真ができたら、あとはプロにおまかせ

　20年、30年という長期にわたって資産を作っていくときのポイントは、いかにオートメーション化できるかです。要するに、放っておいてもお金が増える仕組みを作れるかにかかっています。

　そのために重要なのが、PART 1のChapter 1 ～ 3で解説したポートフォリオの構築です。

　スタート地点を把握する、ゴール地点を設定する、そしてスタート地点とゴール地点を線で結び、その線を実現するために、どれくらいのリスクを取って、どんなポートフォリオを作ればいいのかという青写真を描く。

　さらにいえば、その青写真は、きちんとプレミアムを生み出してくれる金融資産で構築する。

　この資産に投資していれば、多少ノイズがあっても、長い目で見ればリターンを生むはずだ。

そう納得できる青写真を描くことができれば、あとは投資の専門家に任せるつもりで投資信託を買いましょう。

　どうして投資していると怖くなるのかというと、投資している商品の価格が急落すると、0（ゼロ）になるかもしれないという不安に陥るからです。
　株式や債券のことを本当に理解していれば、不安を覚えるわけがありません。
　ましてや投資信託によって投資している先は、単体の企業ではなく、世界の優良な企業群です。その企業群が、軒並み倒産することは絶対にあり得ません。
　株式や債券が、どうして利益を生み出すのかを理解していれば、手放すことなど考えることもないのです。

　ポートフォリオを構築し、その資産配分に納得できたら、それ以上は深掘りすることなく、**ポートフォリオにしたがって投資信託を購入し、あとは放っておきましょう**。くどいようですが、ポートフォリオの見直しは2〜3年に1回で十分です。
　そして、ふだんは将来のお金のことは考えず、自分の人生に集中するようにしましょう。
　もちろん、値動きは毎日見てもいいですし、週末だけ見てもかまいません。納得できたポートフォリオにもとづいて投資しているなら、ちょっとした値動きに動揺することはありません。

Chapter 5

リスクを取らずに
お金を残す
会社員のための節税策

01 節税しながら自分で年金を作る「DC／iDeCo」

POINT

積み立て時も、受け取り時も節税効果が得られる、国が推奨する安心安全な「自分の年金を自分で作る」制度を賢く活用しましょう。

会社負担の掛金で年金を作るDC

　将来のために資産作りをしたいという意志があるなら、すぐにはじめてほしいことがあります。それが、**リスクを取らずにお金を残す節税策**です（"脱税"ではないので間違えないようにしてください）。

　節税とは、税務制度に則って合法的に税金を減らすこと。税金が減ると手元に残るお金が増え、それだけ自分のお金に余力が生まれることになります。

　国が用意してくれている制度を活用しないのは、本当にもったいない。制度の無知ほど残念なことはありません。お金の不安から解放されたいという人は、その第一歩としてリスクを取らずにお金を残す節税策をはじめておきましょう。いや、最低限やるべきです。

　それでは1つめ。Chapter 3のケーススタディでBさんにすすめた確定拠出年金から説明します。確定拠出年金とは、**会社もしくは個人が拠出したお金を自分で運用して「自分の**

年金を自分で作る」制度です。掛金を会社が拠出するのが企業型確定拠出年金（DC）、個人が拠出するのが個人型確定拠出年金（iDeCo）となります。

　DCには、入社すると自動的に加入するタイプと、加入するかどうかを社員が選択できるタイプ（選択制DC）があります。選択制DCでは「加入しない」を選び、会社が予定している掛金を給与としてもらうこともできますが、資産形成を考えるなら迷わず「加入する」を選びましょう。会社負担の掛金で老後の資産を作れるだけでなく、その掛金に税金がかかることもありません。加入しない理由はないでしょう。

　また、DCには、マッチング拠出といって、社員が会社の掛金に上乗せして拠出できるケースもあります。余裕があるなら、少しでも上乗せすることです。ただし、マッチング拠出を利用するかどうかの判断は、iDeCoとの兼ね合いがあるので、後ほど解説します。

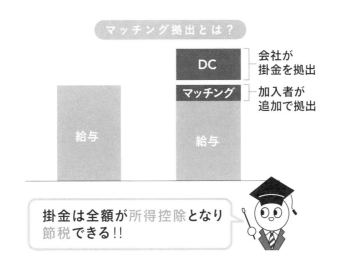

マッチング拠出とは？

DC　会社が掛金を拠出

マッチング　加入者が追加で拠出

給与　給与

掛金は全額が所得控除となり節税できる!!

自己負担で年金を作る iDeCo

　勤めている会社がDCを導入していない場合は、iDeCoという選択になります。iDeCoなら誰でも加入できます。

　iDeCoは、口座を開設する金融機関にもよりますが、多くの場合インターネットで申し込みが完了します。運用開始まで1〜2カ月かかるので、できるだけ早く申し込むようにしましょう。

　DCを導入している会社の社員でもiDeCoへの加入は可能ですが、条件が2つあります。1つは、会社がiDeCoへの加入を認めていること、もう1つは、マッチング拠出をしていないことです。

　マッチング拠出とiDeCoの併用はできないため、社員はどちらに加入するかを自分で決めることになります。**手続きはマッチング拠出のほうが簡単ですが、iDeCoのほうが多く積み立てられる場合があります。**

　というのは、マッチング拠出には「従業員が拠出する掛金の金額が、企業の拠出する掛金の金額を超えないこと」という制約があるからです。

　例えば、会社の掛金が5,000円だとすると、社員の掛金の上限も5,000円です。iDeCoであれば2万3,000円の掛金を拠出できるのに、5,000円しか積み立てられないことになるのです。

　これから検討するという人は、自分のお金の実力とも照らし合わせた上で、どちらを選ぶか考えるようにしましょう。

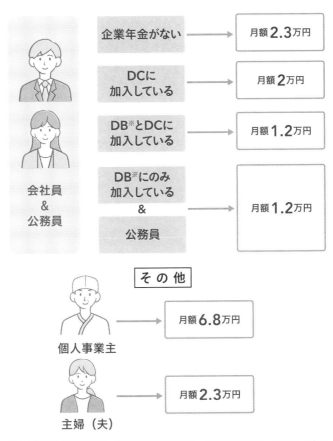

会社員のiDeCo活用限度額

会社員 & 公務員

企業年金がない	月額 **2.3**万円
DCに加入している	月額 **2**万円
DB※とDCに加入している	月額 **1.2**万円
DB※にのみ加入している & 公務員	月額 **1.2**万円

その他

個人事業主 → 月額 **6.8**万円

主婦（夫）→ 月額 **2.3**万円

※会社員と公務員は第2号被保険者、自営業者は第1号被保険者・任意加入被保険者、専業主婦（夫）は第3号被保険者。

※DBは確定給付企業年金、厚生年金基金、石炭鉱業年金基金、私立学校教職員共済を指す。

出典：iDeCo公式サイト「iDeCo（イデコ）の仕組み」を参考に作成

積み立て時も、受取り時も節税できる

　DC、iDeCoいずれも、**拠出した掛金は課税対象所得から差し引かれるため、所得税、住民税が減額されます。**

　例えば、年収500万円で毎月上限の2万3,000円をiDeCoに拠出した場合、年間5万5,700円（所得税2万8,100円、住民税2万7,600円）の節税になります（2022年11月時点）。

　実際にどれくらい節税になるのかは、証券会社のホームページなどでシミュレーションできるので確認してみるとよいでしょう。

　また、DC、iDeCoは、受け取るときにも税金が優遇されます。受け取り方には、貯めたお金をまとめて受け取る「一時金」、複数回に分けて定期的に受け取る「年金」、そして、

確定拠出年金（DC・iDeCo）の受け取り方とメリット

一時金	年金
一度に全額を受け取る。退職所得控除の対象となる	分割して受け取る。公的年金控除の対象となる

注）併用型は退職所得控除と公的年金控除の対象となる

一部をまとめて受け取って、残りを複数回に分けて受け取る「併用」の3種類がありますが、いずれも、節税効果が得られます。

💰 60歳まで自動長期運用

DC、iDeCoの唯一のデメリットといえるのは、原則的に60歳まで資金を引き出せないことです。そのため、マッチング拠出やiDeCoの拠出金は、無理のない金額を設定する必要があります。

いずれも、加入後に1,000円単位で増額可能なので、余裕が出てきたら増額するというスタンスではじめるのがいいでしょう。

資産形成を考えるなら、DC、iDeCoはとにかくはじめておくことです。

60歳まで引き出せないということは、その間は、拠出したお金は使いたくても使えないということを意味しますが、解釈の仕方によっては、**かなり手堅く資産を形成する最良の手段**ということにもなります。

最初の手続きさえ終われば、あとは何もすることなく自動的に長期運用が続きます。あるとすれば、掛金増額の手続きをするくらいでしょう。

しかも、運用している間はずっと、節税の恩恵を受けられることにもなります。

DC、iDeCoは国が推奨している資産形成のための制度です。これほど、安心で安全な方法はありません。

　将来的に日々の資金繰りにすら困る自分の姿しか想像できないようなよほどの理由がない限り、活用してほしいというのが本音です。

　もう1つ加えていうのならば、DC、iDeCoにお金を拠出したからといって、必ずしも株式や債券などのリスク資産を選んで運用する必要はない、ということです。

　もちろん本書では、みなさんにリスク資産を活用した資産形成を推奨しているので、可能であれば株式や債券の投資信託で運用をしてもらいたいと考えています。しかし、DC、iDeCoにお金を拠出しながら定期預金のような元本保証型の商品にお金を置いておくこともできるという点は、知っておいてください。つまり、**まったくリスクを取ることなく、節税メリットだけを享受することができる**、ということなのです。

　それが、冒頭で"最低限やるべき"とお話しした理由でもあります。

02 将来の不安に備えながら 節税する「生命保険料控除」

POINT

貯蓄型の保険は、保障だけでなく節税効果も得られる、安心安全な金融商品です。

 所得税12万円、住民税7万円の所得控除

2つめは、生命保険料控除です。

生命保険料控除とは、1年間で支払った保険料に応じた一定額を、課税対象金額から差し引ける制度です。課税の対象となる所得が減れば、それだけ所得税、住民税の負担額は軽減します。

会社員の場合は年末調整で処理されるため、どれくらい節税の恩恵を受けているのか把握していない人のほうが多いでしょうが、資産形成を考える上では大きな味方となります。

控除の対象となる保険は、死亡保険や学資保険などの一般生命保険、医療保険やがん保険などの介護医療保険、そして個人年金保険。

それぞれに生命保険料控除が適用され、次ページの表を見ていただくとわかりますが、所得税は上限4万円。ということは3種類合計で上限12万円になります。

PART 2
CHAP 5

リスクを取らずにお金を残す会社員のための節税策

住民税の場合は、それぞれの控除額の上限は2万8,000円になりますが、1年間に控除できる金額の上限は7万円です。なお、3種類の保険それぞれに8万円を超える保険料を払っても控除額は変わりません。必要以上の保障のために保険料を支払う余裕があるなら、ほかの投資にまわすほうが資産形成としては賢明な判断になるでしょう。

生命保険料控除額

所得税の生命保険料控除額

年間の支払保険料等	控除額
2万円以下	支払保険料等の全額
2万円超　4万円以下	支払保険料等×1/2+1万円
4万円超　8万円以下	支払保険料等×1/4+2万円
8万円超	一律 4万円

住民税の生命保険料控除額

年間の支払保険料等	控除額
1万2,000円以下	支払保険料等の全額
1万2,000円超　3万2,000円以下	支払保険料等×1/2+6,000円
3万2,000円超　5万6,000円以下	支払保険料等×1/4+1万4,000円
5万6,000円超	一律 2万8,000円

国の制度で約束されている高利回り商品

　では、所得税12万円、住民税7万円という所得控除を受けたときにどれくらいの節税になるでしょうか。

東京在住、独身、年収300万円
年間1万3,000円（所得税6,000円、住民税7,000円）

東京在住、独身、年収500万円
年間1万9,000円（所得税1万2,000円、住民税7,000円）

　年収が高くなると所得税の節税額が高くなるのは、課税対象額によって税率が高くなるからです。
　住民税は、原則として年収の10%であるため、年収の金額にかかわらず節税額は一定になります。

　年収300万円の節税額は、年間1万3,000円。この数字を残念に思う人もいるかもしれません。
　しかし、一般生命保険、介護医療保険、個人年金保険の3種類に年間各8万円で合計24万円を投資（月にすると2万円の拠出）して、リターンが1万3,000円ととらえるとどうでしょうか。
　利率にすると5.4%。十分な利回りです（この利率が適用されるのは掛金を支払った初年度だけ、ということにはなりますが）。しかも、この利率は、国の制度で約束されている数字でもあります。
　支払った保険料が戻ってこない掛け捨て保険ではなく、**払**

い込んだ保険料が将来的に解約返戻金や満期保険金として戻ってくることになる貯蓄型の保険は、長期の積立投資をしているのと同じです。

　控除額に上限があるため投資できる金額を増やすことはできませんが、安全な金融商品といえるでしょう。

🪙 年末調整の書類記入で手続き終了

　控除の対象となる3種類の保険の中で、注意したいのが個人年金保険です。下記の条件を満たさなければ、控除対象から外れることになります。

個人年金保険の控除対象条件

① 年金受取人が契約者または配偶者のいずれかであること

② 年金受取人が被保険者と同一人であること

③ 保険料払込期間が10年以上であること

④ 年金の種類が確定年金や有期年金であるときは、年金受け取り開始が60歳以降で、受け取り期間が10年以上であること

個人年金保険には、運用実績により年金額や解約返戻金が変動する変動個人年金保険がありますが、一般生命保険の対象となるので注意しましょう。

　生命保険料控除の申請に関しては、会社員や公務員なら難しくありません。

　会社員や公務員の場合、10月から12月にかけて勤務先から年末調整の書類の記入と提出が求められるはずです。「給与所得者の保険料控除申告書」に記入して提出すると、所得税は年末調整で戻ってくることになります。住民税は、翌年の住民税から減額されることになります。

　自営業の人は、確定申告での申請になります。

　資産を作るという視点に立つと貯蓄型の保険は、とにかく安全で資産性のある商品です。だからこそ、バランスシートに計上できる資産の１つなのです。

03 会社員は面倒な手続きなしで活用できる「ふるさと納税」

POINT

誰でも手軽にできる「ふるさと納税」は、楽しみもついてくるうれしい節税策です。

利用者右肩上がりの節税策

　3つめは、ふるさと納税です。ふるさと納税とは、**地方自治体と大都市の税収格差を是正するために作られた制度**ですが、誰でも簡単にできる節税方法の1つ。総務省の「ふるさと納税に関する現況調査結果」からは、納税義務者の約1割が利用していると推測されます。みなさんの中にも、すでに利用している人もいるのではないでしょうか。

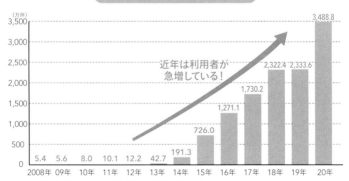

ふるさと納税の利用件数

近年は利用者が急増している！

出典：総務省「ふるさと納税に関する現況調査結果」

手数料2,000円で所得税、住民税が軽減

　ふるさと納税は、住民税を支払っている自治体以外に寄付をすると、寄附金控除が適用され、所得税や住民税が軽減される制度です。例えば、自分の故郷や応援したい自治体に3万円のふるさと納税を行うと、手数料の2,000円を差し引いた2万8,000円が所得税と住民税から控除されます。

　また、寄付した先の自治体からは、寄付額の30%以内の返礼品などが送られてきます。

　ただし、いくらでも寄付できるわけではなく、年収によって寄付額の上限は決まっていて、所得の多い人や税金をたくさん支払っている人ほど高くなります。

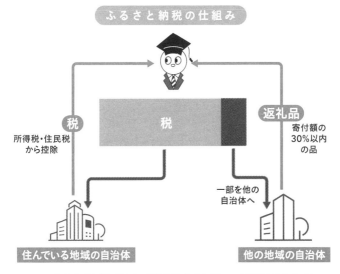

ふるさと納税の仕組み

税

税

返礼品

所得税・住民税から控除

寄付額の30%以内の品

一部を他の自治体へ

住んでいる地域の自治体

他の地域の自治体

ふるさと納税分は「寄附金控除」が適用される

会社員なら面倒な手続きは不要

　ここまで話すと、ものすごく節税効果があるように思われるかもしれませんが、実のところ、ふるさと納税にはそれほど節税効果はありません。

　というのは、ふるさと納税で寄付するお金は、本来は自分が住んでいる自治体に払う予定の税金だからです。

　ふるさと納税は、先ほどの図でわかるように、住民税の一部を他の自治体に寄付するという仕組みです。しかも、その住民税は、会社員なら次年度の給与から天引きされるものです。

　つまり、**次年度以降払う予定の住民税の一部を、他の自治体に前払いしているだけ**なのです。

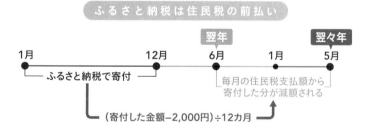

　それでも、ふるさと納税をする人が増えているのは、わずか2,000円の手数料で、寄付のお礼として、自治体から食品や日用品などの返礼品を受け取れるからではないでしょうか。

　返礼品は寄付した金額の3割以内と設定されているので、寄付額が2万8,000円なら8,000円相当の返礼品になります。

手数料2,000円分を差し引くと、6,000円得したということです。

　すでに、ふるさと納税を経験した人はわかると思いますが、**本来なら自治体に税金を払うだけで終わるところが、簡単な手続きをするだけで特産品が自宅に届けられ、すごく得した気分を味わうことができます。**

　ふるさと納税の手続きは本当に簡単です。

　ふるさと納税のポータルサイトにアクセスして、寄付したい自治体を選び、寄付金の額を決め、返礼品を選ぶだけ。純粋に寄付したいだけのときは、「返礼品なし」を選択することもできます。

　また、節税のための申請も難しくありません。

　ふるさと納税により所得税、住民税を軽減するには、原則、確定申告をする必要がありますが、会社員なら、ふるさと納税ワンストップ特例制度を利用すれば、確定申告といった面倒な手続きは不要になります。

　節税効果がそれほど期待できないふるさと納税を資産形成のための1つとして紹介したのは、節税に対する意識を高めるとともに、ふるさと納税の上限額を算出するために、自分の年収（世帯の年収）を確認する作業を毎年行うことになるからです。

　その上、ちょっとお得な楽しみがついてくるのですから、やらない理由はありません。

04 会社員でも、個人で認められる経費がある「特定支出控除」

POINT

会社員でも一定の条件を満たせば、自己負担分が経費として認められることがあります。

 会社員でも認められる経費がある

　会社員の場合、自営業のように、所得金額から家賃や交通費、通信費、交際費などを経費として差し引くことができません。差し引けるのは、給与所得控除（みなし経費）のみ。だから、確定申告する必要はない。そう考えている会社員は多いと思います。

　会社員の場合、下記のような条件に該当しない限り、確定申告する必要はありません。

（1）副業による所得が20万円超
（2）給与の年間収入が2,000万円超
（3）年の途中で退職して再就職していない
（4）「退職所得の受給に関する申告書」を提出していない
（5）不動産を売却して利益が出た
（6）2カ所以上から給与を受けている
（7）満期保険金、解約返戻金が一定額を超えた

しかし、確定申告とは、そもそも税額を正確に算出するためのもので、会社員でも提出してかまいません。それどころか、申告しなければ得られない節税の恩恵も、意外とたくさんあります。

その1つが、特定支出控除です。

実は、会社員でも認められる経費があります。**条件を満たせば、給与所得控除に上乗せして、所得から差し引ける**のです。

その適用範囲は下記になります。

特定支出控除の適用範囲

通勤費		一般の通勤者として通常必要であると認められる通勤のための支出	
職務上の旅費		勤務する場所を離れて職務を遂行するための直接必要な旅行のために通常必要な支出	
転居費		転勤にともなう転居のために通常必要であると認められる支出	
研修費		職務に直接必要な技術や知識を得ることを目的として研修を受けるための支出	
資格取得費		職務に直接必要な資格を取得するための支出	
帰宅旅費		単身赴任などの場合で、その者の勤務地または居所と自宅の間の旅行のために通常必要な支出	
勤務必要経費	図書費	書籍、定期刊行物その他の図書で職務に関連するものを購入するための費用	合計65万円までの支出
	衣服費	制服、事務服、作業服その他の勤務場所において着用することが必要とされる衣服を購入するための費用	
	交際費等	交際費、接待費その他の費用で、給与等の支払者の得意先、仕入先その他職務上関係のある者に対する接待、供応、贈答その他これらに類する行為のための支出	

もちろん、特定支出控除の適用範囲の項目に該当する金額のすべてが経費として認められるわけではありません。適用範囲の詳細を見るとわかるように、まず、**前提として、自己負担であることが条件**です。

　ほとんどの項目が、会社側で負担することになっていると思います。それでも、自分で負担した部分があるという場合、特定支出控除を受けられるか検討してみましょう。

　特定支出控除が適用されるのは、**特定支出の合計額が給与所得控除額の2分の1を超えた場合で、その超過額が給与所得控除後の所得金額から差し引けます。**

　給与所得控除の計算は下記になります。

給与所得額の計算例

給与等の収入金額 （給与所得の源泉徴収票の支払金額）	給与所得控除額
162万5,000円まで	➡ 55万円
162万5,000円超～180万円まで	➡ 収入金額×40％−10万円
180万円超～360万円まで	➡ 収入金額×30％＋8万円
360万円超～660万円まで	➡ 収入金額×20％＋44万円
660万円超～850万円まで	➡ 収入金額×10％＋110万円
850万円超	➡ 195万円（上限）

例）**給与収入が400万円の人の場合**
　　（400万円×20％＋44万円）÷2
　　＝　62万円　を超える特定支出に適用

対象項目を拡大しても知っている人は少ない？

　例えば、年収500万円の人は、特定支出が72万円（〈500万円×0.2＋44万円〉÷2）を超えると、特定支出控除が適用されます。

　年収500万円で年間72万円以上を自己負担するのは、なかなか厳しい数字ですが、専門性の高い研修を受講したり、資格取得費などを支払ったりした場合は該当するかもしれません。

　特定支出控除を受けるには、確定申告のほかに、費用が業務上不可欠だったことを会社に証明してもらう必要もあります。少し面倒ですが、多額の経費を自己負担したということですから、払い過ぎている税金はしっかり取り戻すようにしましょう。

　また、特定支出控除は、より多くの人が利用できるように、対象項目や対象者の範囲の拡大や条件の緩和などが行われてきました。それでもまだ該当者は少ないかもしれませんが、一度、適用項目をチェックしてみてください。

　今は該当しなくても、翌年、翌々年は該当するかもしれません。**特定支出控除という節税策があることを知っているだけでも、損することはありません。**

05 確定申告で節税できる「医療費控除」と「セルフメディケーション税制」

POINT

特例のセルフメディケーション税制は、さらに充実した医療費控除。払い過ぎた税金を取り戻せます。

最大200万円まで控除できる医療費控除

　節税策の5つめは、医療費控除とセルフメディケーション税制です。これも特定支出控除と同じように、確定申告を通じて節税が可能になります。特定支出控除と比べると該当する人が多いはずですが、知らない人も多いかもしれません。

　医療費控除とは、1年間（1月1日〜12月31日）で支払った医療費（家族も含めて）が一定額を超えると所得控除が受けられる制度です。具体的には、1年間の医療費の合計金額から、保険などによる補填（ほてん）を差し引いた金額が10万円を超える場合、超えた額（最大200万円）を課税対象金額から差し引くことができます。

　例えば、保険などで補填される金額を除いた上で年間で20万円の医療費がかかったとすると、20万円から10万円を控除した残りの10万円分について、課税対象金額から差し引くことができます。対象となる医療費は、通院や入院にかかった費用、医薬品の購入費用、歯科費用、出産費用などになります。

医療費控除額の計算

$$\left(\boxed{\begin{array}{c}1年間に\\支払った\\医療費\end{array}} - \boxed{\begin{array}{c}保険などで\\補填される\\金額\end{array}} \right) - 10万円^{※}$$

※総所得金額が200万円以下の人は「総所得金額等×5%」を引く

控除対象となる医療費とそうでない医療費

医療費控除の対象となる医療費の例
- 医師による治療費
- 治療のための医薬品の購入費
- 通院費(バス等の公共交通機関)
- 歯科の保険外費用
- あんま、指圧、はりの施術費　など

医療費控除の対象とならない医療費の例
- 健康診断、人間ドックの費用
- ビタミン剤、消化剤、体力増強剤等治療のためではない医薬品の購入費
- 自家用車で通院するときの駐車代やガソリン代
- 予防接種費用
- コンタクトレンズ代　など

 ## 医薬品購入1万2,000円から対象になる

　医療費10万円といわれると、家族がいる世帯だとすぐに到達する金額のようにも思えますが、保険などによる補填を差し引くと医療費が10万円を超えることはなかなかないのが現実です。

その点、2017年からはじまった**セルフメディケーション税制は、節税の恩恵を受けられる人が増えると考えられる制度**といえるでしょう。

医療費控除の特例であるセルフメディケーション税制は、特定の成分を含んだOTC医薬品（薬局などで販売されている市販の薬）の購入費の合計が1年間で1万2,000円を超えると、その超過分について所得控除が受けられます。

医療費控除とセルフメディケーション税制の比較

	医療費控除	セルフ メディケーション 税制
対象額	10万円以上	1万2,000円以上
上　限	200万円	8万8,000円
対　象	医師による治療費、治療のための医薬品の購入費など	OTC医薬品（薬局などで販売されている市販の薬）

ただし、**セルフメディケーション税制と医療費控除は、どちらか一方しか利用できません。**その年の医療費から節税効果が高いほうを選ぶ必要があります。

医療費控除とセルフメディケーション税制の控除額比較

A

🈩 医療費控除の対象額 ………… 15万円

🈯 OTC医薬品の購入費 ………… 5万円

所得控除は、

🈩 医療控除…5万円（15万円−10万円）

🈯 セルフメディケーション税制…3万8,000円（5万円−1万2,000円）

節税効果が高いのは 医療費控除

B

🈩 医療費控除の対象額 ………… 15万円

🈯 OTC医薬品の購入費 ………… 8万円

所得控除は、

🈩 医療控除…5万円（15万円−10万円）

🈯 セルフメディケーション税制…6万8,000円（8万円−1万2,000円）

節税効果が高いのは セルフメディケーション税制

　仮に上図の減税額を課税対象額330万〜695万円（所得税率20％、住民税率10％）の人で計算してみると、（あくまで目安ですが）Aでは医療費控除のほうが、税額にして3,600円ほど、Bではセルフメディケーション税制のほう4,600円ほど得する計算になります。

Ⓐ の場合

医療費控除による減税額 ……………………… **1万5,000円**

セルフメディケーション税制による減税額……… **1万1,400円**

Ⓑ の場合

医療費控除による減税額 ……………………… **1万5,000円**

セルフメディケーション税制による減税額……… **2万400円**

※所得税率20%、住民税率10%として算出

　なお、これらの計算はネット上で簡単に算出できるサイトがあるので「医療費控除」「セルフメディケーション」「自動計算」などで検索し、参考にしてみるといいでしょう。

　どちらの制度を利用するかは、その年の医療費の支払い状況によって判断するようにしましょう。

　いずれにしても、生命保険料控除のように、会社で処理してくれる年末調整では対応してもらえないので、**会社員や公務員であっても確定申告が必要**になります。

　はじめてのときは申告書の作成に少し手間取るかもしれませんが、申告するだけでお金が戻ってくるわけですから手間を惜しんではいけません。そうした積み重ねが、長期的な資産作りには影響してくるものです。

付　　　録

会社員として
稼ぐ力を上げる
仕事術10選

詳細はコチラ

01 仕事が速い人が やっている手抜きのコツ

POINT

Point 1　どの仕事を取って、どの仕事を捨てるか判断する

Point 2　よくできているもの（資料等）のおいしいとこ ろを真似る

Point 3　チームで動くときはとにかく情報共有をする

　仕事が速い人は、総じて手抜きが上手いといわれます。

　手を抜くといっても、重要度が低いもの、ムダだと思うものに関してだけです。逆に、**仕事が遅い人は、どの仕事も一律にエネルギーを注ぐので、効率が悪くなります。**それでも結果を出せばいいのですが、最悪の場合、人よりも時間を使い、その結果が思わしいものにならなかったとき、軌道修正をする余裕もなくなってしまいます。

　例えば、「お客様からのクレーム対応」と「上司に頼まれた書類作成」という2つの仕事が同時に発生したとします。

　仕事が速い人は、まず優先順位をつけます。クレーム対応は会社の信用につながるので、早急に対処したほうがよいものです。一方、書類作成はルーティン化されているものも多く、ほかの人にも依頼できます。仕事が速い人が優先するのはクレーム処理。結果、スピーディーに解決できたことがお客様から喜ばれ、信用も回復します。これはあくまで一例ですが、どの仕事を取り、どの仕事を捨てるか。

手抜き上手になるには、適切に取捨選択できるようになることがとても大切です。

　また、上司に「新規の取引先へのプレゼン資料を作って」と頼まれたとします。ＡさんとＢさんに任せたところＡさんはその日のうちに３パターン、Ｂさんは翌日に１パターンの提案資料を作りました。Ａさんは過去の取引内容から同じような事例を探して、提案内容を書き換えて資料を作成しました。一方、Ｂさんは新規の取引先ということで一から資料を作り込み、提案内容を考えました。
　上司の評価が高いのはＡさん。新規顧客とはいえプレゼンのテイストがガラッと変わることは少ないため、量も質も十分だったからです。**真似ることは、すぐにできる手抜きテクニックとして有効です。**ただ、すべて真似るのではなく、おいしいところだけをピックアップすることが大切です。
　チームで仕事をするときにもコツがあります。仕事が速い人は、まず**チーム内での情報共有を欠かしません。**同じチームの人が何をしているのか把握することによって、仕事が重なってしまうことを防ぐためです。結果、業務の二度手間を防いだり、ムダをなくしたりすることができます。

　仕事が速い人は、ほかの人と同じ仕事量をこなしながらも、上手に効率よくさばくことで時短を実現しています。なぜなら、**仕事のプロセスに隠れているムダを見抜いている**からです。そして、ムダをなくすことは、仕事をスリム化させることにもつながります。

詳細はコチラ

02 DoPDCAで すぐ行動する

POINT

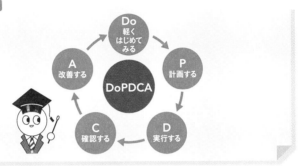

　行動するために必要なたった1つの思考は、DoPDCA。行動するために大切なのは、「すぐやること」。これが正しい戦略だと考えています。DoPDCA。なんとなく見たことがあるような気がするのは、このDoPDCAのもとになっているのが、みなさんもご存じのPDCAだからです。

　まずは、そのPDCAからおさらいしましょう。

　PDCAとは、Plan（計画）、Do（実行）、Check（確認）、Act（改善）という、物事を実行する上での最適な順序を示すフレームワークです。このPDCAを繰り返すことで実行のスピードやクオリティが上がります。

　しかし、PDCAには欠点があります。

　それはPlanからスタートしている点です。特に、完璧主義者の場合、Pは行動の邪魔をします。なぜなら、緻密に計

画を立てようとするからです。

　もちろん、緻密な計画は実行した場合の成功可能性を高くします。しかし、何か新しいことに挑戦したり自分の殻を破って変化していく行動を起こしたりする場合、緻密な計画を立てることは難易度がとても高くなります。知識を得て、頭で理解しても、経験がないので何が起きるのかを高い解像度で想像できないからです。どこでつまずくか、どこが想像よりも簡単にできるのか。これらは、経験しないとつかめないものです。このような状態で緻密な計画を立てようとすると膨大な時間がかかり、Ｄをはじめる前に疲れてしまいます。そして、周辺知識だけで頭でっかちになったところで燃え尽きて、行動に移せない。

　Ｐからはじめることで行動に移せなくなるのは、完璧主義者に限った話ではありません。緻密でなくても、プランを立てられなくて行動に移せない人は多いと思います。ただ、モチベーションは、思い立ったときがピーク。立ち止まってしまうのはもったいないと思いませんか。

　そこでDoPDCAです。字面で何をすべきなのかは理解できると思います。**DoPDCAはプランを立てる前にDoを持ってくるフレームワークです**。ただし、最初のDoはＰの後のＤとは目的が異なります。最初のDoの目的は、あくまでもＰのため。**失敗してもいいので軽くはじめてみる感覚でOK**です。そこで失敗したらＰに活かせばいいだけの話です。プランを最初に練り上げることは否定しませんが、ぜひＰの前にお試しDoを導入してみてください。気づいたら、行動できる人になっているはずです。

詳細はコチラ

03 | 仕事の効率を2倍にする スケジュール作成術

スケジュール作成5つのSTEP

STEP. 1　前日の夜にタスク整理
STEP. 2　タスクの優先順位付け
STEP. 3　余裕のある時間割を作る
STEP. 4　偶然性プランニング
STEP. 5　短時間で終わるタスクから着手

　1日は24時間しかありません。その限られた時間を上手く使いこなして、仕事の効率を2倍にする1日のスケジュール作成法があります。

　そのポイントは、次の5つです。

STEP. 1：前日の夜にタスク整理

　スケジュール作成のタイミングは、**前日の夜と当日の朝の2回に分けて行う**のがおすすめです。前日の夜に、明日は何をするのかをあらかじめリストアップ。当日の朝はタスクを追加したり、減らしたりと吟味します。

　タスク整理を寝る前に済ませておくと不安なく眠ることができ、朝の時間を大切に使うことができます。

STEP. 2：タスクの優先順位付け

　目の前にあるものから順番に手をつけていくのは非効率。

参考にしてほしいのが、スティーブン・コヴィー氏の著書『7つの習慣』（キングベアー出版）にあるアイゼンハワー・マトリクス。

　洗い出したタスクを重要性と緊急性の二軸で分ける方法を駆使しましょう。

STEP. 3：余裕のある時間割を作る

　スケジュールを組むときに気をつけたいのは、予定をすし詰めにしてしまうこと。

　休憩時間を入れたり、所要時間にプラス10%の時間を足したりするなど余裕のあるスケジュールにしましょう。そうしておくことで、イレギュラーな仕事にスケジュールを崩されることはなくなります。

STEP. 4：偶然性プランニング

　あらかじめ**スケジュール進行の妨害になりそうなリスクと対策を考えておきましょう。**心構えができていると、モチベーションや生産性の低下を防ぐことができます。

STEP. 5：短時間で終わるタスクから着手

　短時間で終わるタスクから行うと、**仕事モードに意識を切り替える準備運動になります。**出社直後は、すぐにモチベーションが上がらないもの。そこで短時間で終わるタスクを2つ、3つと終わらせて、徐々に仕事モードに頭を切り替えていきます。ただし、長くても1時間程度にしましょう。

04 | 仕事がデキる人になる メモ活用術

POINT

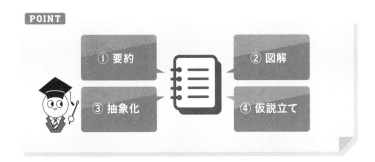

　私の体感では、仕事がデキる人や稼いでいる人ほど頻繁にメモを取り、有効活用するために独自の使い方をしていると感じています。

　私が気をつけているメモ活用のポイントは次の4点です。

① 要約

　情報は要点を絞ってわかりやすく書くこと。上手く要約できると、インプットした情報を正しく理解して、他人にわかりやすく説明することもできるようになります。要約に慣れるには、**複雑な文章を読んだり、難しい講義を聴いたりしながら情報を要約するトレーニング**がおすすめです。

② 図解

　要約した情報を視覚的にまとめると、物事を構造化、体系化する能力が身につきます。

　最初は関連する事柄を矢印でつなげたり、表形式で書いた

りするなど、簡単なことからはじめてみましょう。次第に、図を意識しながらメモを取ることも可能になります。また、図解は脳がより活性化されるというメリットもあります。

③ 抽象化

抽象化とは、言葉通り、抽象度を上げることです。

例えば、「好きな食べ物は？」というアンケートに対してラーメン、うどん、パスタという回答が多かったとします。

これに対するメモは、「ラーメン・うどん・パスタが多い」になるはずです。これは「麺類を好きな人が多い」と言い換えることもできます。この**共通する要素を抜き出して、ざっくりとした表現に置き換えるのが抽象化**です。

抽象化は、問題解決のために非常に重要なスキル。メモによる情報から要点を抜き出して抽象度を上げることは、より深いレベルで理解することになるからです。

④ 仮説立て

仮説立ては、**抽象化した事柄から具体的な仮説を立てる**ことです。例えば、先ほどのアンケートで「麺類を好きな人が多い」という答えを引き出しました。ではほかの麺類ではどうでしょうか。アンケートに答えた人の中にはそば、おでんのしらたき（麺ではありませんが）が好きな人がいるかもしれない。そう考えるのが仮説立てです。

SHOWROOM代表取締役社長前田裕二さんの著書『メモの魔力』（幻冬舎）では、抽象化した事柄からまったく別のアイデアを生み出す手法として解説されています。

05 | ビジネスの現場で「数字」に強くなる

POINT

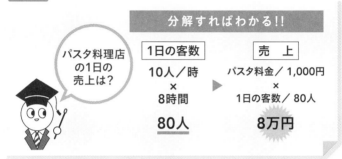

分解すればわかる！！

パスタ料理店の1日の売上は？

1日の客数
10人／時
×
8時間
80人

▶

売　上
パスタ料金／ 1,000円
×
1日の客数／ 80人
8万円

　ビジネス現場でよく使われる「数字に強い」。これは、算数の得意不得意を意味するわけではありません。

　ビジネスにおける「数字に強い」には2種類あります。

　1つは、**数字の羅列からどういう共通点があるか、どういう傾向があるかというストーリーを導き出すこと**です。

　もう1つは、**ストーリーを数字に落とし込むこと**です。

　例えば、市場規模や嗜好傾向、トレンドなどを「多い」とか、「増えている」とかではなく具体的な数字に置き換えるようなことです。そうすることで、圧倒的に説得力が増します。

　それでは、数字に強くなる方法を2つ紹介しましょう。ビジネスでもプライベートでも実践できる方法です。

　1つは、会話に数字を織り込んでみる。

例えば、「あのプロジェクトは順調？」と聞かれたとき、「あまり上手くいっていないです」ではなく、「３つの工程のうち１つまで完了しています」「進捗は約30％です」と数値を使って回答するように心がけるのです。

　そうすることで、あなたの脳が言語を数値に変換する作業に慣れ、どの数値を示すと説得力が増すのかという発想が自然とできるようになります。

　もう１つは、数字を使って推理してみる。

　これは巷で有名なフェルミ推定を行うクセをつけるということです。フェルミ推定とは、**実際に調査するのが難しい数値を少ない手がかりをもとに論理的に推論し、短時間で概算すること**を指します。

　例えば、昼食を食べたパスタ料理店で、その店の１日の売上を計算してみる、新幹線に乗っているときに、今日１日で東京から名古屋に行った人は何人にいるかを考えてみる。難しく考えることはありません。計算してみる、という習慣を身につけることが肝心なのです。

　生活に数字を組み込むことがクセになると、数字を使い勝手のいいツールとして体に浸透させることができます。

　自分の中に数字が浸透してきたら、ビジネスの現場でもおおいに取り入れてみましょう。言語しかない空間を数字で表現してみたり、数字しかない空間に意味を見出して言語化したり。数字力に文系や理系という概念はまったく関係ありません。ぜひこれらのポイントを押さえて、数字に強い人材になりましょう。

詳細はコチラ

06 | 課題解決は ロジックツリーで!

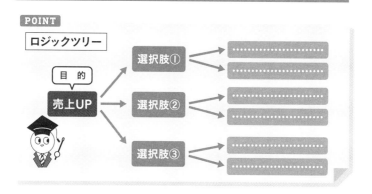

POINT

ロジックツリー

目的

売上UP

選択肢①

選択肢②

選択肢③

　ロジカルシンキングとは、物事を論理的、体系的に整理し、筋道を立てて考える思考法のことです。そのツールの1つが、ロジックツリーです。

　ロジックツリーとは、**樹木が1つの幹から枝や葉などが伸びるように、ツリー状に課題を分解し、解決法を考えていく手法**です。例えば、カフェの売上には、店内での飲食の売上、持ち帰りの商品の売上があります。飲食の売上はフードやドリンクの売上に分けることができます。持ち帰りの商品も飲食関連やタンブラーなど小物の売上などに分かれます。これがロジックツリーです。要素を分解することで根本の課題や原因を特定でき、どの解決策が最も有効なのか見えてきます。

　では、ロジックツリーの具体的な利用例を紹介しましょう。あなたはおもちゃ屋の経営者で、売上アップを考えている、

という設定でロジックツリーを活用します。

　まず、売上は「来客数×購入率×来客当たり購入単価」になります。さらに分解すると、来客数は「新規の客」と「リピート客」、来客当たり購入単価は「来客当たり購入数」と「購入商品当たり購入単価」になります。

　次に、各要素の数字を見ながら改善施策を考えます。

　具体的には、①新規顧客を増やすにはどうすればいいか、②リピート客を増やすにはどうすればいいか、③購入率を上げるにはどうすればいいか、④来客当たりの購入数を上げるにはどうすればいいか、⑤購入商品当たりの単価を増やすにはどうすればいいか。

　対策としては、①は**新たなターゲット層に宣伝**する、②は**会員プログラムを作って割引**などを行う、③は**店内のレイアウトを変える**、④は**パッケージ商品を作る**、⑤は**自社ブランドを作って高級路線を狙う**などが考えられます。

　最後に、施策案の評価をします。

　評価軸は各施策の効果と費用を挙げて総合評価するのが望ましく、売上へのインパクトの大きさ、施策そのものの費用、施策の準備にかかる時間で見ていきます。

　導き出せる戦略は、短期的にはインパクトがそれなりにあって、費用と時間がかかりにくい②を行い、中長期的には費用と時間はかかるものの効果の大きい⑤を行うというものになります。あくまでも簡単な戦略ですが、もしロジックツリーを活用しなかったら、思いつきでキャンペーンをやろう、チラシを配ろうなどと根拠に乏しい施策になり、求める効果が得られないことにつながってしまいます。

詳細はコチラ

07 説明は ピラミッドストラクチャーで!

POINT

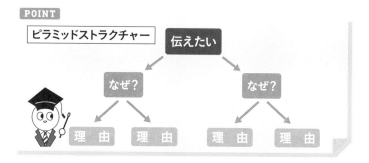

ロジカルシンキングには、ピラミッドストラクチャーというツールもあります。ロジックツリーは主に問題解決のツールでしたが、ピラミッドストラクチャーは、主に**論理展開のためのツール**になります。ピラミッドストラクチャーの構造を簡単に紹介すると、頂点は伝えたいメッセージ、下段にはメッセージの根拠が連なります。

世の中には、伝えたいことを 10 割伝えることができる人がいる一方で、2、3 割も伝えられない人がいます。どうして上手く伝えられないのでしょう。例えば、メール。「結局、何がいいたいの?」と思う文章の特徴は、読み手の理解するプロセスに沿った流れになっていないことです。書き手が伝えたい順序で文章を書いてしまうと、それは読み手の理解するプロセスには則っていないことになります。読み手の理解するプロセスに沿うとは、「上流から下流」を意識することです。ここで活用するのがピラミッドストラクチャーです。

まず伝えるのは、頂点にある全体の要約。ここで読み手は疑問を抱きます。続けて、下の段の要素を説明することで、読み手の疑問を解消していきます。ピラミッドが何段も積み重なる場合でも上の段を伝えて、現れた疑問を下の段で解消していくことを繰り返していきます。そうすると、読み手が物事を理解するプロセスと同じ過程を踏むので、とても理解しやすい説明になります。

　ある企業がＡ事業に進出すべきという提案をするために、実際にピラミッドを作ってみましょう。

　まず考えるのは、相手の疑問にどう答えるか。

　例えば、どうしてＡ事業に進出すべきなのか。「市場が魅力的で後発でも十分戦える」「自社の強みを活かせる」「競合がまだ進出していない」などが考えられます。

　次に、相手が納得することを明確にします。

　例えば、「市場が魅力的で後発でも十分戦えること」の根拠です。「Ａ事業の市場成長率が高い」「現時点では、顧客がブランドよりも機能を重視している」「潜在的な市場が大きい」などが考えられます。

　ピラミッドを作れるようになると、読み手や聞き手にわかりやすく説明ができるようになります。毎回考えるのは大変だと思うかもしれませんが、回数を重ねることで、勝手に体に染みついていき、そのうち手順を意識しなくてもピラミッド構造を考えられるようになります。

　そこまでくれば、逆に論理構造が破綻した文章を書くと気持ち悪さを覚えるはずです。

詳細はコチラ

08 | アイデア発想は ラテラルシンキングで!

POINT

ラテラルシンキング

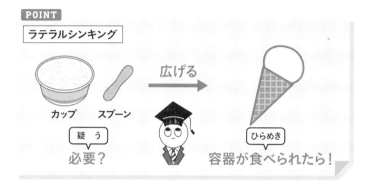

カップ　スプーン　広げる

疑　う

必要?

ひらめき

容器が食べられたら!

　新たな問題解決の思考法として注目されているのが、ラテラルシンキングです。

　ラテラルシンキングとは、**新しいアイデアを生み出すために思考を水平に広げていくイメージですが、そのコツはさまざまなことを疑う**、です。

　1つ問題を出します。あるテーマパークで、アイスクリームが販売されていました。しかし、アイスクリームはよく売れますが、食べた後のカップやスプーンが付近の芝生に捨てられることが多く、施設の関係者は頭を悩ませていました。

　あなたは、どんな解決策を考えますか?　ふつうに考えたら、ゴミ箱を増やす、芝生の前に看板を置くといったゴミを正しい場所に捨ててもらう施策を考えると思います。

　しかし、ラテラルシンキングを使うと、ソフトクリーム形式で容器も食べられるようにするという発想が出てきます。

これはゴミを減らす発想から、そもそもゴミを出さない発想への転換です。どうしてこういう発想が生まれるのかというと、カップやスプーンを捨てる行為を疑うからです。

　このように**ラテラルシンキングは、疑うことで新たな発想を生み出す思考法**ですが、ビジネスでもラテラルシンキングが活かされた企業のアイデアがあります。

　例えば、iPhone はラテラルシンキングが生んだ大ヒット商品です。当時、携帯電話のボタンは物理的ボタンが当たり前で、音楽はMP3プレーヤーなどの専用端末で聴くものという常識がありました。しかし、タッチパネルを搭載したことで、物理的ボタンはなくなり、iPodのような音楽プレーヤーの機能を搭載できるようになりました。

　また、今ではあたり前のコンビニコーヒー。本格的なコーヒーは喫茶店やカフェで飲むもの、コンビニで提供するコーヒーは基本的に缶かペットボトルという常識を覆した画期的な商品です。

　さらに、ジレットというカミソリメーカーはカミソリ本体を格安で売り、替え刃を販売することで成功しました。これはジレットモデルと呼ばれ、プリンターのインクビジネスやトナービジネス、ウォーターサーバービジネスのように大元の商品を格安もしくは無料で提供し、消耗品の部分で稼ぐ立派なビジネスモデルになっています。

　ラテラルシンキングを使えるようになるには、とにかく疑う力を身につけること。**無意識下の常識に縛られないようなゼロベースからの発想を意識してください。**

09 | 顧客の潜在的なニーズを探るデザインシンキング

POINT

デザインシンキング

START
観察・共感

発　案

プロトタイプ

評　価

アイデアを
磨き上げる

　ロジカルシンキングはよく聞くかもしれませんが、**デザインシンキング**ははじめてという人もいるかもしれません。

　この思考法は**デザイナーの思考プロセスをもとに、クライアントが求めていることを把握して問題を解決していくもの**です。アップルコンピュータのマウスなどをデザインしたIDEO社が、この思考を提唱したことでビジネスの場でも注目されるようになりました。

　具体的に、デザイナーの思考プロセスがどのようなものなのか解説します。まず顧客のニーズを把握するために必要になるのが、観察・共感です。顧客と同じ目線に立ち、同じ体験をして、共感することで、はじめて潜在的なニーズを把握することができます。デザインシンキングのプロセスの中では、このスタートといえる観察が最も重要な役割を果たします。

次にニーズを整理しながら問題提起をし、その問題をもとにアイデアを発案していきます。そして最後に発案したアイデアをもとにプロトタイプを作り、顧客のニーズにどれくらい近づけたかを評価しながら、さらにアイデアを磨いていきます。

　この思考法を持たない人は、顧客のニーズを探る課題が出たときに、顧客の観察をせず、アンケートなどの統計データに頼りがちになります。そのため、顧客の潜在的なニーズを把握することができません。

　デザインシンキングによって、従来の常識を覆す大ヒット商品が誕生することもあります。あるとき、家庭用ゲーム機の販売メーカーにおいて新しいゲーム機考案のためにある家族を観察し、ニーズを探るという取り組みがなされました。その結果、ゲームがあることで家族同士の会話が少なくなっているという気づきがありました。

　そこで生まれた課題は、ゲームをしながら家族の団らんを楽しめるものはないかということ。この課題を解決するために、家族で楽しく体を動かしながら遊ぶゲーム機はどうだろうかというアイデアが出てきました。最後にプロトタイプを使用してもらいながら、改良を重ねて発売すると、多くの子どもから大人までを取り込み大ヒット商品となりました。

　わかる方は多いと思いますが、このゲーム機は、任天堂のWiiです。Wiiは任天堂の社員の家族を観察することから生まれた商品だったのです。デザインシンキングという思考法がなければ生まれなかった商品かもしれません。

詳細はコチラ

10 作り手の意思やアイデアを重視するアートシンキング

POINT

アートシンキング

- アイデア
- 創造力
- 意　思
- 感　情

自分だったら

何がほしい？

　最後にもう1つ、ビジネスシーンで役立つ思考法を紹介しましょう。それは、アートシンキングです。

　この思考法には、ここまで紹介したロジカルシンキング、ラテラルシンキング、デザインシンキングのように、はっきりとした定義はありません。ただ、アートという名前がついているように、アーティストの思考を取り入れたものがこれに当てはまります。

　デザインシンキングが顧客のニーズを重要視していたのに対して、**アートシンキングはクリエイターである自分自身のアイデアや創造力、意思、感情を重要視しながら作品という名の商品を生み出す思考法**です。一見するとビジネスに不向きなようですが、常に新しいものが求められる今の時代は、独創的（クリエイティブ）な発想が顧客のニーズに合致することがあります。ただ単に顧客に求められるものだけを作り続けていくならば、私たち人間がかかわることなく、近い将来

は機械やAIで事足りることになると思います。

　そこで重要になるのが、「自分だったらどうするのか」「どんなものがほしいのか」「どういったものを表現したいのか」と自分の意思や創造力を探るアートシンキングです。

　アートシンキングをビジネスに当てはめてみましょう。

　ある2つの企業が新商品開発に乗り出しました。A社はこれまでの顧客のニーズから商品を開発したので、他社の商品と同じようなものになってしまいました。しかし、データ上ではその商品もっとも顧客に求められているだけでなく、人気も高かったので販売することにしました。

　一方、B社は顧客ニーズを把握しても同じ商品では売れないと判断し、アートシンキングを駆使した新しい自社ブランドの商品を開発して販売しました。

　さて、成功したのはどちらの会社だと思いますか。

　実は、この問いに正解はありません。顧客に合わせたものが引き続きヒットするかもしれませんし、新しい商品がブームを巻き起こすかもしれません。

　ただ、1つだけわかっていることは、同じ商品を販売するビジネスは競争率が高く、生き残れなければ衰退も早いということです。一時期、爆発的なブームを生み出したタピオカを思い出すとわかりやすいはずです。

　対してオリジナルの商品を作り出した場合は、それをきっかけにイノベーションが生まれる可能性があるということです。どちらを選択するかは、そのときの状況によると思いますが、アートシンキングという思考法を持ち合わせていれば、選択肢が増えるのは間違いありません。

ここまでお読みいただき、ありがとうございました。

お金について、理解は深まったでしょうか。私達の人生の豊かさに限りなく影響を与えるお金について、「ちゃんと考えなきゃいけない」と思ってもなかなかじっくり考える時間が取れないという方も多いと思います。

ですが、本書を手にとってここまで読んでいただいた方は、もう「自分の人生のためにお金のことを考える」ということの重要性は理解されていると思いますし、本を読み終わった時点で「資産形成」の第一歩目がはじまっています。

「難しいから考えることをやめる」。これは思考停止と同じです。本の中でも書かせていただいた通り、お金というものは、中長期的な軸で考え、死ぬまで向き合っていく必要があります。

皆様が本書を手にしたときに漠然と抱えていた不安を少しでも解消できていたら、こんなに嬉しいことはありません。

ところで、私にとって４冊目でもある本書を執筆したように、私はいろいろな媒体で発信活動を行っています。
本書にご共感・ご同感いただけた方は、ぜひYouTubeチャンネルや公式LINEにも登録していただけるとうれしいです。

■ YouTube チャンネル「ハック大学」

　ビジネスパーソンにとっての役立つコンテンツを発信中です。「お金に強くなる」や「デキる人になる」などさまざまなテーマで動画をアップしています。興味があればぜひ遊びに来てください。

■ 公式 LINE

　YouTube チャンネルよりも濃い内容を発信しているので、QR コードからお友だち登録をよろしくお願いいたします。LINE で「@hack_univ」で友だち ID 検索していただいても大丈夫です（「@」を忘れずに）。

　ちなみに、お友だち登録後に 15 秒で終わるアンケートに回答するだけで、動画講義「最強のキャリア戦略」をプレゼント中です（なお、LINE のサービスは予告なく終了する場合があります）。

　最後に。本書の内容を日々の行動に取り入れ、一人でも多くの方がお金の不安とサヨナラできることを想像して、これからも日々役立つ情報を発信していきたいと思います。

2023 年 1 月　ハック大学 ぺそ

STAFF
カバーデザイン：藤塚尚子（etokumi）
本文デザイン・DTP：辻井 知（SOMEHOW）
本文イラスト：並河泰平
編集協力：洗川俊一

著者紹介

ハック大学 ぺそ（はっくだいがく・ぺそ）

YouTubeチャンネル「ハック大学」を通じて、キャリアやマネーなどの教育テーマを中心にビジネスパーソンに有益な情報を発信し、チャンネル登録者数は27万人超を誇る。事業会社やコンサルティングファームを渡り歩き、その経験を生かして現在は外資系金融機関のマーケティング部門のマネージャーを務め、投資・資産運用業界で年収約2,000万円を叩き出す現役の会社員。終身雇用や年功序列が崩壊していく中で、会社員が持つべき資産形成の方法など、目先にとらわれない「本質的」な情報を発信し続けている。

著書に『行動が結果を変える ハック大学式最強の仕事術』（ソシム）や『「説明が上手い人」がやっていることを1冊にまとめてみた』（アスコム）、『「超」メタ思考 頭がよくなる最強トレーニング57連発』（KADOKAWA）がある。

会社員のまま経済的自由を手に入れる

ハック大学式 超現実的で超具体的なお金の増やし方 〈検印省略〉

2023年 1 月 29 日 第 1 刷発行
2023年 1 月 31 日 第 2 刷発行

著 者——ハック大学 ぺそ（はっくだいがく・ぺそ）

発行者——田賀井 弘毅

発行所——株式会社あさ出版

〒171-0022 東京都豊島区南池袋 2-9-9 第一池袋ホワイトビル 6F
電 話 03（3983）3225（販売）
03（3983）3227（編集）
F A X 03（3983）3226
U R L http://www.asa21.com/
E-mail info@asa21.com
印刷・製本 （株）シナノ

note   http://note.com/asapublishing/
facebook http://www.facebook.com/asapublishing
twitter   http://twitter.com/asapublishing